Todos los libros de Linkgua Ediciones cuentan con modelos de Inteligencia Artificial entrenados por hispanistas. Pregúntale al chat de tu libro lo que desees acerca de la obra o su autor/a.

Para ebooks: Accede a nuestro modelo de IA a través de este enlace.

Para libros impresos: Escanea el código QR de la portada con tu dispositivo móvil.

Obtén análisis detallados de nuestros libros, resúmenes, respuestas a tus preguntas y accede a nuestras ediciones críticas generativas para una experiencia de lectura más enriquecedora.
La transparencia y el respeto hacia la autoría de las fuentes utilizadas son distintivos básicos de nuestro proyecto. Por ello, las respuestas ofrecen, mediante un sistema de citas, las fuentes con las que han sido elaboradas.

José Ingenieros

Las fuerzas morales

Barcelona 2024
Linkgua-ediciones.com

Créditos

Título original: Las fuerzas morales.

e-mail: info@linkgua.com
Diseño de cubierta: Michel Mallard.

ISBN rústica ilustrada: 978-84-9007-816-7.
ISBN tapa dura: 978-84-9897-492-8.
ISBN ebook: 978-84-9897-493-5.

Sumario

Brevísima presentación

La vida

José Ingenieros (1877, Palermo (Italia)-1925, Buenos Aires) Su nombre original era Giuseppe Ingegneri. Fue médico, psiquiatra, psicólogo, farmacéutico, escritor, docente, filósofo y sociólogo.

En 1892, tras terminar sus estudios secundarios, fundó el periódico *La Reforma*. Hacia 1893, estudió en la Facultad de Medicina de Buenos Aires, de la que se graduó en 1897 de farmacéutico y en 1900 de médico.

Ingenieros fue un miembro relevante de la Cátedra de Neurología y del Servicio de Observación de Alienados de la Policía de la Capital, el cual llegó a dirigir.

Entre 1902-1913 dirigió los archivos de Psiquiatría y Criminología y se hizo cargo del Instituto de Criminología de la Penitenciaría Nacional de Buenos Aires, alternando su trabajo con conferencias en universidades europeas.

En 1908 ocupó la Cátedra de Psicología Experimental en la Facultad de Filosofía y Letras de la Universidad de Buenos Aires. Ese año fundó la Sociedad de Psicología.

Ingenieros terminó sus estudios en las universidades de París, Ginebra, Lausana y Heidelberg. Sus ensayos sociológicos *El hombre mediocre* y sus ensayos críticos y políticos, *Hacia una moral sin dogmas*, *Las fuerzas morales* tuvieron un gran influencia en el ámbito universitario de Argentina.

En 1914 José Ingenieros se casó con Eva Rutenberg en Lausana, Suiza. Tuvieron cuatro hijos, Delia, Amalia, Julio y Cecilia.

Hacia 1919 renunció a todos los cargos docentes y comenzó hacia 1920 su etapa política, participando de manera activa en favor del grupo Claridad, de tendencia comunista.

Unos años después propuso la formación de la Unión Latinoamericana, una organización que difundió sus ideas antiimperialistas.

En 1925, poco antes de morir fundó la revista *Renovación*, en la que escribió con los pseudónimos de Julio Barreda Lynch y de Raúl H. Cisneros.

Ingenieros se distanció del socialismo de Estado y empezó a colaborar con periódicos anarquistas, varias de sus obras literarias reflejan este acercamiento. Murió el 31 de octubre de 1925, a los cuarenta y ocho años.

Advertencia del autor

Los sermones laicos reunidos en el presente volumen fueron publicados en revistas estudiantiles y universitarias entre 1918 y 1923, quinquenio generador de un nuevo espíritu en nuestra América Latina.

Este libro completa la visión panorámica de una Ética Funcional. *El hombre mediocre* es una crítica de la moralidad; *Hacia una moral sin dogmas*, una teoría de la moralidad; *Las fuerzas morales*, una deontología de la moralidad. Prevalece en todo el concepto de un idealismo ético, en función de la experiencia social, inconfundible con los capciosos idealismos de la vieja metafísica.

Cada generación renueva sus ideales. Si este libro pudiera estimular a los jóvenes a descubrir los propios, quedarían satisfechos los anhelos del autor, que siempre estuvo en la vanguardia de la suya y espera tener la dicha de morir antes de envejecer.

José Ingenieros
Buenos Aires, 1925

Capítulo 1. Se transmutan sin cesar en la humanidad

En el perpetuo fluir del universo nada es y todo deviene, como anunció el oscuro Heráclito efesio. Al par de lo cósmico, lo humano vive en eterno movimiento; la experiencia social es incesante renovación de conceptos, normas y valores. *Las fuerzas morales* son plásticas, proteiformes, como las costumbres y las instituciones. No son tangibles ni mensurables, pero la humanidad siente su empuje. Imantan los corazones y fecundan los ingenios. Dan elocuencia al apóstol cuando predica su credo, aunque pocos le escuchen y ninguno le siga; dan heroísmo al mártir cuando afirma su fe, aunque le hostilicen escribas y fariseos. Sostienen al filósofo que medita largas noches insomnes, al poeta que canta un dolor o alienta una esperanza, al sabio que enciende una chispa en su crisol, al utopista que persigue una perfección ilusoria. Seducen al que logra escuchar su canto sirenio; confunden al que pretende en vano desoírlo. Son tribunal supremo que transmite al porvenir lo mejor del presente, lo que embellece y dignifica la vida. Todo rango es transitorio sin su sanción inapelable. Su imperio es superior a la coacción y la violencia. Las temen los poderosos y hacen temblar a los tiranos. Su heraclia firmeza vence, pronto o tarde, a la Injusticia, hidra generadora de la inmoralidad social.

El hombre que atesora esas fuerzas adquiere valor moral, recto sentimiento del deber que condiciona su dignidad. Piensa como debe, dice como siente, obra como quiere. No persigue recompensas ni le arredran desventuras. Recibe con serenidad el contraste y con prudencia la victoria. Acepta las responsabilidades de sus propios yerros y rehusa su complicidad a los errores ajenos. Solo el valor moral puede sostener a los que impenden la vida por su arte o por su doctrina, ascendiendo al heroísmo. Nada se les parece menos que la temeridad ocasional del matamoros o del pretoriano, que afrontan riesgos estériles por vanidad o por mesada. Una hora de bravura episódica no equivale al valor de Sócrates, de Cristo, de Spinoza, constante convergencia de pensamiento y de acción, pulcritud de condena frente a las insanas supersticiones del pasado.

Las fuerzas morales no son virtudes de catálogo, sino moralidad viva. El perfeccionamiento de la ética no consiste en reglosar categorías tradicionales. Nacen, viven y mueren, en función de las sociedades; difieren en el *Rig Veda* y en la *Ilíada*, en la *Biblia* y en el *Corán*, en el *Romancero* y en la *Enciclopedia*. Las corrientes en los catecismos usuales poseen el encanto de una abstracta vaguedad, que permite acomodarlas a los más opuestos intereses. Son viejas, multiseculares; están ya apergaminadas. Las cuatro virtudes cardinales: Prudencia, Templanza, Coraje y Justicia, eran ya para los socráticos formas diversas de una misma virtud: la Sabiduría. Las conservó Platón, pero supo idealizar la virtud en un concepto de armonía universal. Aristóteles, en cambio, las descendió a ras de tierra, definiendo la virtud como el hábito de atenerse al justo medio y de evitar en todo los extremos. De esta noción no se apartó Tomás de Aquino, que a las cardinales del estagirita agregó las teologales, sin evitar que sus continuadores las complicaran. Estáticas, absolutas, invariables, son frías escorias dejadas por la fervorosa moralidad de culturas pretéritas, reglas anfibológicas que de tiempo en tiempo resucitan nuevos retóricos de añejas teologías.

Poner la virtud en el justo medio fue negarle toda función en el desenvolvimiento moral de la humanidad; punto de equilibrio entre fuerzas contrarias que se anulan, la virtud resultó, apenas, una prudente transacción entre las perfecciones y los vicios.

La concepción dinámica del universo relega a las vitrinas de museo esas momias éticas, inútiles ya para el devenir de la moralidad en la historia humana. Solo merecen el nombre de Virtudes las fuerzas que obran en tensión activa hacia la perfección, funcionales, generadoras. En su vidente libro de juventud escribió Renán: El gran progreso de la reflexión moderna ha sido sustituir la categoría del devenir a la categoría del ser, la concepción de lo relativo a la concepción de lo absoluto, el movimiento a la inmovilidad. Pocas sentencias son más justas que la del sutil maestro de idealismo.

Para la joven generación de nuestro tiempo es esencial conocer las fuerzas morales que obran en las sociedades contemporáneas: virtudes para la vida social, que no descansan bajo ninguna cúpula. Más que enseñarlas o difundirlas, conviene despertarlas en la juventud que virtualmente las posee. Si la catequesis favorece la perpetuación del pasado, la mayéutica es propicia al florecimiento del porvenir.

Dichosos los pueblos de la América Latina si los jóvenes de la Nueva Generación descubren en sí mismos las fuerzas morales necesarias para la magna Obra: desenvolver la justicia social en la nacionalidad continental.

Capítulo 2. Juventud, entusiasmo, energía

I. De la juventud

2. Jóvenes son los que no tienen complicidad con el pasado. Atenea inspira su imaginación, da pujanza a sus brazos, pone fuego en sus corazones. La serena confianza en un Ideal convierte su palabra en sentencia y su deseo en imperio. Cuando saben querer, se allanan a su voluntad las cumbres más vetustas. Savia renovadora de los pueblos, ignoran la esclavitud de la rutina y no soportan la coyunda de la tradición. Solo sus ojos pueden mirar hacia el amanecer, sin remordimiento. Es privilegio de sus manos esparcir semillas fecundas en surcos vírgenes, como si la historia comenzara en el preciso momento en que forjan sus ensueños.

Cada vez que una generación envejece y reemplaza su ideario por bastardos apetitos, la vida pública se abisma en la inmoralidad y en la violencia. En esa hora deben los jóvenes empuñar la Antorcha y pronunciar el Verbo: es su misión renovar el mundo moral y en ellos ponen su esperanza los pueblos que anhelan ensanchar los cimientos de la justicia. Libres de dogmatismos, pensando en una humanidad mejor, pueden aumentar la parte de felicidad común y disminuir el lote de comunes sufrimientos.

Es ventura sin par la de ser jóvenes en momentos que serán memorables en la historia. Las grandes crisis ofrecen oportunidades múltiples a la generación incontaminada, pues inician en la humanidad una fervorosa reforma ética, ideológica e institucional. Una nueva conciencia histórica deviene en el mundo y transmuta los valores tradicionales de la Justicia, el Derecho y la Cultura. Intérpretes de ella, los que entran en la vida siembran fuerzas morales generadoras del porvenir, desafiando el recrudecer de las resistencias inmorales que apuntalan el pasado.

Los jóvenes cuyos ideales expresan inteligentemente el devenir constituyen una Nueva Generación, que es tal por su espíritu, no por sus años. Basta una sola, pensadora y actuante, para dar a su pueblo personalidad en el mundo. La justa previsión de un destino común permite unificar el esfuerzo e infundir en la vida social normas superiores de solidaridad. El siglo está cansado de inválidos y de sombras, de enfermos y de viejos. No quiere seguir creyendo en las virtudes de un pasado que hundió al mundo en la maldad y en la sangre. Todo lo espera de una juventud entusiasta y viril.

3. La juventud es levadura moral de los pueblos. Cada generación anuncia una aurora nueva, la arranca de la sombra, la enciende en su anhelar inquieto. Si mira alto y lejos, es fuerza creadora. Aunque no alcance a cosechar los frutos de su siembra, tiene segura recompensa en la sanción de la posteridad. La antorcha lucífera no se apaga nunca, cambia de manos. Cada generación abre las alas donde las ha cerrado la anterior, para volar más lejos, siempre más. Cuando una generación las cierra en el presente, no es juventud: sufre de senilidad precoz. Cuando vuela hacia el pasado, está agonizando; peor, ha nacido muerta.

Los hombres que no han tenido juventud piensan en el pasado y viven en el presente, persiguiendo las satisfacciones inmediatas que son el premio de la domesticidad. Débiles por pereza o miedosos por ignorancia, medran con paciencia pero sin alegría. Tristes, resignados, escépticos, acatan como una fatalidad el mal que los rodea, aprovechándolo si pueden. De seres sin ideales ninguna grandeza esperan los pueblos.

La juventud aduna el entusiasmo por el estudio y la energía para la acción, que se funden en el gozo de vivir. El joven que piensa y trabaja es optimista; acera su corazón a la vez que eleva su entendimiento. No conoce el odio ni le atormenta la envidia. Cosecha las flores de su jardín y admira las del ajeno. Se siente dichoso entre la dicha de los demás. Ríe, canta, juega, ama, sabiendo que el hado es siempre propicio a quien confía en sus propias virtudes generadoras.

La juventud es prometeana cuando asocia el ingenio y la voluntad, el saber y la potencia, la inspiración de Apolo y el heroísmo de Hércules. Un brazo vale cien brazos cuando lo mueve un cerebro ilustrado; un cerebro vale cien cerebros cuando lo sostiene un brazo firme. Descifrar los secretos de la Naturaleza, en las cosas que la constituyen, equivale a multiplicarse para vivir entre ellas, gozando sus bellezas, comprendiendo sus armonías, dominando sus fuerzas.

4. Los jóvenes tocan a rebato en toda generación. No necesitan programas que marquen un término, sino ideales que señalen el camino. La meta importa menos que el rumbo. Quien pone bien la proa no necesita saber hasta dónde va, sino hacia dónde. Los pueblos, como los hombres, navegan sin llegar nunca; cuando cierran el velamen, es la quietud, la muerte. Los senderos de perfección no tienen fin. Belleza, Verdad, Justicia, quien sienta avidez de perseguirlas no se detenga ante fórmulas reputadas intangibles. En todo arte, en toda doctrina, en todo código, existen gérmenes que son evidentes anticipaciones, posibilidades de infinitos perfeccionamientos. Frente a los viejos que recitan credos retrospecti-

vos, entonan los jóvenes himnos constructivos. Es de pueblos exhaustos contemplar el ayer en vez de preparar el mañana.

Dos grandes ritmos sobresaltan en la hora actual a los pueblos. Anhelan realizar en la sociedad la armonía justa de los que trabajan por su grandeza extendiendo a todos los hombres el calor de la solidaridad; desean que las nacionalidades venideras sean algo más que fortuitas divisiones políticas, corroídas por la voracidad de facciones enemigas. Toda la historia contemporánea converge a predecir el acrecentamiento de la justicia social y la agrupación de los débiles Estados afines en comuniones poderosas. Una ilustrada minoría de la Nueva Generación cree que los pueblos de nuestra América Latina están predestinados a confederarse en una misma nacionalidad continental. Lo afirma solemnemente y parece dispuesta a tentar la vía, creyendo que si no llegara a cumplirse tal destino sería inevitable su colonización por el poderoso imperialismo que desde ha cien años acecha.

Los hombres envejecidos no ven la magnitud de ambos problemas. Niegan la urgencia de asentar sobre más justas bases el equilibrio social; niegan la necesidad de solidarizar nuestros pueblos, como única garantía de su independencia futura. Es misión de la juventud tomar a los ciegos de la mano y guiarlos hacia el porvenir. Arrastrarlos si dudan; abandonarlos si resisten. Todo es posible, menos convencerlos. A cierta altura de la vida la ceguera es un mal irreparable. Los jóvenes pierden su tiempo cuando esperan impulso de los viejos. Es más razonable obrar sin ellos, como hicieron otrora los próceres, cuando supieron hacerse independientes y sembrar los veinte gérmenes de una gran civilización continental.

II. Del entusiasmo

5. Entusiasta y osada ha de ser la juventud. Sin entusiasmo no se sirven hermosos ideales; sin osadía no se acometen honrosas empresas. Un joven escéptico está muerto en vida, para sí mismo y para la sociedad. Un entusiasta, expuesto a equivocarse, es preferible a un indeciso que no se equivoca nunca. El primero puede acertar; el segundo, jamás.

El entusiasmo era ya, para los platónicos, una exaltada inspiración divina que encendía en el ánimo el deseo de lo mejor. El entusiasmo es salud moral; embellece el cuerpo más que todo otro ejercicio; prepara una madurez optimista y feliz. El joven entusiasta corta las amarras de la realidad y hace converger su mente hacia un ideal; sus energías son puestas en tensión por la voluntad y aprende a perseguir la quimera soñada. Olvida las tentaciones egoístas que empiezan en la prudencia y acaban en la cobardía; adquiere fuerzas desconocidas por los tibios y los timoratos.

El enamorado de un ideal, de cualquiera —pues solo es triste no tener ninguno—, es una chispa; contagia a cuanto le rodea el incendio de su ánimo apasionado. Los entusiastas despiertan los temperamentos afines, los conmueven, los afiebran, hasta atraerlos a su propio camino; obran como si todo obedeciera a su gesto, como si hubiera fuerza de imán en sus deseos, en sus palabras, en el sonido mismo de su voz, en la inflexión de su acento.

6. La juventud termina cuando se apaga el entusiasmo. No hay mayor privilegio que el de conservarlo hasta muy entrada la edad viril; es don de pocos y parece milagro en quien lo atesora hasta la ancianidad, como Sócrates a su demonio

inspirador. En ese único secreto reside la eficacia de los escritores fieles a su doctrina y que saben afirmarla, proclamarla, repetirla: en cien formas, como las del torbellino, apasionadas. Son los heraldos de su tiempo y encuentran eco en el corazón de la juventud, siempre esquiva al razonamiento frío, enemiga de los sofistas solapados y de los capciosos contemporizadores. Solo cosechan simpatía los que siembran su propio entusiasmo.

La juventud escéptica es flor sin perfume. De jóvenes sin credo se forman cortesanos que mendigan favores en las antesalas, retóricos que hilvanan palabras sin ideas, abúlicos que juzgan la vida sin vivirla: valores negativos que ponen piedras en todos los caminos para evitar que anden otros lo que ellos no pueden andar.

El hombre que se ha marchitado en una juventud apática llega pronto a una vejez pesimista, por no haber vivido a tiempo. La belleza de vivir hay que descubrirla pronto, o no se descubre nunca. Solo el que ha poblado de ideales su juventud y ha sabido servirlos con fe entusiasta puede esperar una madurez serena y sonriente, bondadosa con los que no pueden, tolerante con los que no saben.

7. Los ideales dan confianza en las propias fuerzas. Para ser entusiasta no basta ser joven de años: hay que formarse un ideal, sobreponiéndose a las imperfecciones de la realidad y concibiendo por la imaginación sus perfecciones posibles. Para servirlo eficazmente, hay que entregarse a él sin reservas. Y debe ser fruto de la experiencia propia, si ha de embellecer la vida; el que se apasiona ciegamente es un fanático al servicio de pasiones ajenas. Sin estudio no se tienen ideales, sino fanatismos; el entusiasmo vidente de los hombres que

piensan no es confundible con la exaltada ceguera de los ignorantes.

El entusiasmo es incompatible con la superstición; el uno es fuego creador que enciende el porvenir; la otra es miedo paralizante que se refugia en el pasado. El entusiasmo acompaña a las creencias optimistas; la superstición, a las pesimistas. Aquél es confianza en sí mismo; ésta es renunciamiento y temor a lo desconocido. Los entusiastas saltan cada amanecer el cerco de un jardín para aspirar el perfume de nuevas flores; los supersticiosos entran cada crepúsculo al mismo cementerio. El entusiasmo es ascua; la superstición es ceniza.

III. De la energía

8. La inercia frente a la vida es cobardía. Un hombre incapaz de acción es una sombra que se escurre en el anónimo de su pueblo. Para ser chispa que enciende, fuego que templa, reja que ara, debe llevarse el gesto hasta donde vuele la intención.

No basta en la vida pensar un ideal: hay que aplicar todo el esfuerzo a su realización. Cada ser humano es cómplice de su propio destino: miserable es el que malbarata su dignidad, esclavo el que se forja la cadena, ignorante el que desprecia la cultura, suicida el que vierte la cicuta en su propia copa. No debemos maldecir la fatalidad para justificar nuestra pereza; antes debiéramos preguntarnos en secreta intimidad: ¿volcamos en cuanto pudimos toda nuestra energía? ¿Pensamos bien nuestras acciones, primero, y pusimos después en hacerlas la intensidad necesaria?

La energía no es fuerza bruta: es pensamiento convertido en fuerza inteligente. El que se agita sin pensar lo que hace, no es un energeta; ni lo es el que reflexiona sin ejecutar lo que concibe. Deben ir juntos el pensamiento y la acción, como brújula que guía y hélice que empuja, para ser eficaces. Ahonde más su arado el labriego para que la mies sea proficua; haga más hijos la madre para enjardinarse el hogar; ponga el poeta más ternura para invitar corazones; repique más fuerte en el yunque el herrero que quiera vencer al metal.

La acción carece de eficacia cuando escasea la energía. Para adaptarse a la naturaleza y transformarla en beneficio propio, el hombre debe obtener el rendimiento máximo de su esfuerzo ordenado y continuo. En las grandes y en las pequeñas contingencias la acción debe ser suficiente para alcanzar el resultado, sin que vacile en mitad del camino, sin que desmaye al llegar a la meta.

9. El pensamiento vale por la acción que permite desarrollar. El hombre piensa para obrar con más eficacia y multiplicar el área en que desenvuelve su actividad. Corrompen el alma de la juventud los retardados filósofos que aún la entretienen con disputas palabristas, en vez de capacitarla para tratar los problemas que interesan al presente y al porvenir de la humanidad. Los jóvenes deben ser actores en la escena del mundo, midiendo sus fuerzas para realizar acciones posibles y evitando la perplejidad que nace de meditar sobre finalidades absurdas.

El primer mandamiento de la ley humana es aprender a pensar; el segundo es hacer todo lo que se ha pensado. Aprendiendo a pensar se evita el desperdicio de la propia energía; el fracaso es debido a simple ignorancia de las causas que lo determinan. Para hacer bien las cosas hay que pensarlas certeramente. No las hacen bien los que piensan mal, equivocándose en la evaluación de sus fuerzas; como el niño que, errando el cálculo de la distancia, diera en tirar guijarros contra el Sol que asoma en el horizonte.

Nunca se equivoca quien ha aprendido a medir las cosas a que aplica su energía; no se arredra jamás quien ha educado su eficacia mediante el esfuerzo coordinado y sistemático. La confianza en sí mismo es una elevación de la propia temperatura moral; llegando al rojo vivo se convierte en fe, que hace desbordar la voluntad con pujanza de avalancha. Así ocurre en los genios: viven todo ideal que piensan, sin detenerse por la incomprensión de los demás, sin perder tiempo en discutirlo con los que no lo han pensado.

10. La energía juvenil crea la grandeza moral de los pueblos. Cada generación debe llegar como ola vigorosa a romperse contra la mole del pasado para hermosear la historia con el iris de nuevos ideales; juventud que no embiste, es peso muerto para el progreso de su pueblo.

La energía es virtud juvenil; quien no la adquiere precozmente, muere sin ella. Solo la juventud tiene la mente plástica para abarcar el panorama de la vida y el brazo elástico para vencer las resistencias ancestrales. Los hombres sin energía no cooperan en cosa alguna de común provecho: dudan y temen equivocarse, porque no han sabido pensar. Y nunca adquieren la confianza en sí mismos y la fe en los resultados, indispensables para acometer empresas grandes.

La eficacia personal finca en la cultura y en los ideales; la apatía del indolente y el fracaso de los agitados se incuban en la rutina y en la ignorancia. La incapacidad de prever y de soñar obstruye la expansión de la personalidad.

Educando la energía, enseñando a admirarla, se plasmarán nuevos destinos de los pueblos. Repitamos a la juventud de nuestra América que ningún hermoso ideal fue servido por paralíticos y obtusos: no pueden marchar lejos los tullidos, ni contemplar los ciegos un luminoso amanecer. Los jóvenes que no saben mirar hacia el Porvenir y trabajar para él, son miserables lacayos del Pasado y viven asfixiándose entre sus escombros.

Capítulo 3. Voluntad, iniciativa, trabajo

I. De la voluntad

La decisión oportuna es el secreto de los grandes caracteres. Por el pensamiento medimos, en toda empresa, nuestras fuerzas ante los obstáculos; equivocarse es una culpa. Una vez pronunciado el ¡sí! —claro, recto, como un rayo de luz— la voluntad debe ser inflexible. Vacilar en mitad del camino es traicionar el pensamiento: desfallecer es repudiarlo. La voluntad sana jamás traiciona ni repudia; cuando falla, el hombre es una escoria.

Sin la firmeza de conducta no hay moral; no puede haberla. Las buenas intenciones que no se logran cumplir son la caricatura de la virtud. Los hombres sin voluntad se proponen volar y acaban arrastrándose, persiguen la excelencia y se enlodan en ciénagas, conciben poemas y ejecutan críticas, sueñan vivir intensamente y se agitan en perpetua agonía. Nunca dicen hago, que es la fórmula del hombre sano; prefieren decir haré, que es el lema de la voluntad enferma.

Toda personalidad, grande o pequeña, posee principios que orientan su acción: solo puede sentirse libre la que es capaz de seguirlos, sobreponiéndose a cuantas contingencias intenten desviarla. La voluntad no es frágil juguete de un albedrío absurdo; su tensión es más grande cuanto más lógicamente responde a las premisas del carácter y su eficacia se multiplica al aplicarse a la realización de fines bien pensados. El que sabe querer, puede querer.

12. La voluntad se prueba en la acción. Existen, ciertamente, empresas desatinadas y es de ignorantes el emprenderlas;

pero es mayor el número de las que se miran como imposibles por falta de voluntad para ejecutarlas. Los holgazanes no emprenden nada y pretenden justificarse desacreditando las empresas ajenas; si algo comienzan, obligados por las circunstancias, nunca llegan al término de su obra. Vacilan y dudan, tropiezan y caen.

Tenemos harina porque el segador no duda ante la espiga madura, y estatuas porque el dudar no paraliza la mano del artista, y ciencia porque no vacila el sabio al entrar en su laboratorio, y poemas porque el poeta no se detiene a discutir la utilidad de su canto, y amor, y prole, y moral, porque el corazón no duda al latir, ni el hijo al nacer, ni la virtud al obrar. Y todo ello es vida intensa, que solo merecen vivir los hombres de rectilíneo querer.

En las voluntades enfermas se apaga la esperanza de la perfección. La conquista de la personalidad y el entusiasmo por un ideal tórnanse imposibles cuando flaquea el esfuerzo que ponemos en perfeccionarnos.

Las más frecuentes infelicidades arraigan en nuestra propia pereza. El barco no avanza si el marino somnoliento no abre sus velas en la hora propicia, se desvía de su derrotero si el piloto no da a tiempo el buen golpe de timón. Por eso la voluntad debe estar siempre lista para actuar; un solo minuto de vacilación puede perder al hombre, si en ese minuto coincide la oportunidad.

Los necios se consuelan confiando en la Providencia; es más seguro, y más digno, confiar en las fuerzas propias. Es mejor ayudarse que esperar ilusorias ayudas. Para hacer lo que ha decidido, la ocasión suele sobrar al hombre, lo que le falta, generalmente, es la voluntad en el momento propicio.

13. Incapacidad de querer engendra miedo de vivir. Tanto se apaga la vida cuanto decrece la voluntad. La pereza y la inacción son los gérmenes de la miseria moral; el hábito de holgar suprime en los parásitos la aptitud para el trabajo. La abulia es el castigo final de los perezosos: no es en ellos una desgracia, sino una culpa. Se adquiere por obra del paciente mismo, como las enfermedades vergonzosas.

La vida humana es gimnasia incesante de funciones armónicas. Deber natural del hombre es ejercitar su brazo y su mente; quien viola ese deber comete una inmoralidad. Los órganos se amodorran y el espíritu se envilece. La inercia apoca la vida de los holgazanes, tornándolos incapaces de hacer cosa alguna para sí mismos y para los demás. Cruzarse de brazos ante un mundo moral que incesantemente se renueva, es suicidarse; es morir de sed junto a las fuentes de la vida.

Quien haya atentado así contra su dignidad, debe curarse reeducando las funciones de su organismo y de su entendimiento. Para aprender de nuevo a ejecutar lo que se piensa es necesario olvidar la palabra mañana.

Ahora o nunca. Mañana es la mentira piadosa con que se engañan las voluntades moribundas.

II. De la iniciativa

14. Son hombres los que aran su propio surco. Toda creación es fruto de la libre iniciativa y llega a su término sostenida por el sentimiento de independencia.

Cuando has aprendido a querer, y sabes lo que quieres, no te detengas en buscar fuera de ti los medios para ejecutarlo. Ninguna escuela, ninguna secta, ninguna camarilla, podrá sentir como tú, intensamente, el ideal de arte, de verdad, de justicia, que tú mismo has concebido y que solo tú puedes realizar. Poeta o filósofo, apóstol o artesano, ten confianza en ti mismo, no sigas rutas ajenas, no subordines tu voluntad a otras voluntades, no te ampares de sombras que empañan ni persigas protecciones que atan. De los que saben más, aprende, sin imitarlos; de los que ofrecen más, apártate, no pidas. Si eres capaz de realizar tu ideal, no los necesitas; si impotente, nadie te capacitará para realizarlo. Quiere, quiere con firmeza, con toda tu mente y con todo tu corazón, poniendo en querer lo mejor de ti, la fe de tus fuerzas morales.

El porvenir de los pueblos está en la libre iniciativa de los jóvenes. La juventud se mide por el inquieto afán de renovarse, por el deseo de emprender obras dignas, por la incesante floración de ensueños capaces de embellecer la vida. Joven es quien siente dentro de sí la fuerza de su propio destino, quien sabe pensarlo contra la resistencia ajena, quien puede sostenerlo contra los intereses creados. Sin ideales no puede haber iniciativa.

15. La libre iniciativa permite adelantarse a los demás. El que se resigna a recorrer caminos consuetudinarios envejece prematuramente y se torna esclavo de la costumbre. El que no osa leer un nuevo libro, encenderse por un nuevo anhelo, acometer una nueva empresa, ha renunciado a vivir. Es sombra de ajenas voluntades, hoja otoñal que arrastran todos los vientos, pieza mecánica de un engranaje cuyo resorte ignora.

La libre iniciativa es un renunciamiento a la complicidad de los demás y se revela en toda rebelión a la rutina: buscando una verdad, trasmutando un valor estético, corrigiendo una injusticia, inventando en las artes o en las industrias, irrigando un campo, formando una biblioteca, plantando un rosal.

Todo progreso es variación e implica rebeldía. Es propio de la juventud plasmar los perfeccionamientos; es inherente a la vejez oponerse a toda innovación. Cuando se pierde la libre iniciativa, desaparece el carácter; el hombre tórnase parásito de la sociedad, obra por impulso ajeno, se marchita en la penumbra. Deja de ser él mismo. No existe. Y no existiendo no sirve para su pueblo, no contribuye al porvenir.

Merece llamarse hombre libre el que tiene capacidad de iniciativa frente a la coerción ajena; la libertad moral es la aptitud para obrar en el sentimiento determinado por la propia experiencia, imprimiendo a la conducta el sello inequívoco de la personalidad.

16. La dependencia pasiva es incompatible con la dignidad. Los mansos y los ignorantes, por falta de confianza en sus propias fuerzas, entregan su destino a la complicidad de los demás. Todo lo esperan de la beneficencia providencial del Estado: profesan los catecismos de sus escuelas, obedecen las órdenes de sus funcionarios, esperan la protección de sus leyes, imploran la merced de sus favores. Sueñan con una sinecura en la burocracia y saben de memoria la ley de jubilaciones.

Con tales hombres nada progresa ni se renueva, sino con los que estudian, quieren y hacen. El que se agranda a sí mismo sirve mejor a su pueblo, que solo es grande por converger en él la grandeza de quienes lo componen. Grandes naciones son aquellas cuyos ciudadanos tienen el hábito de la iniciativa libre; ellos crean para los demás vida y cultura y riqueza, en vez de envilecerse en el parasitismo social.

El hábito de confiar en la propia iniciativa es segura escuela de hombría, despertando el sentimiento de la responsabilidad. El hombre digno piensa, quiere y hace. Si triunfa, no achica su ventura pensando que la debe a otros: si fracasa, acepta serenamente el resultado de sus errores.

Digamos al joven: haz lo que quieras, para enseñarle a responsabilizarse de sus actos; las recompensas y contratiempos debe recibirlos como una consecuencia natural de su conducta. Un joven libre puede convertirse en una fuerza viva, emprender cosas grandes o pequeñas, pero suyas. Y dando a la sociedad, en iniciativas, tanto como de ella recibe en educación, respeta la justicia y practica la solidaridad.

III. Del trabajo

17. El derecho a la vida está condicionado por el deber del trabajo. Todo lo que es orgullo de la humanidad es fruto del trabajo. Lo que es bienestar y lo que es belleza, lo que intensifica y expande la vida, lo que es dignidad del hombre y decoro de los hogares y gloria de los pueblos, la espiga y el canto y el poema, todo ha surgido de las manos expertas y de la mente creadora. El trabajo da vigor al músculo y ritmo al pensamiento, firmeza al pulso y gracia a las ideas, calor al corazón, temple al carácter. La perfección del hombre es obra suya. Solo por él consigue la libertad y depende de sí mismo, afirmando su señorío en la Naturaleza.

El trabajo encumbra a la humanidad sobre la bestia. Despierta las mieses en las pampas, saca metal luciente de los más negros antros, convierte el barro en hogar, la cantera en estatua, el trapo en vela, el color en cuadro, la chispa en fragua, la palabra en libro, el rayo en luz, la catarata en fuerza, la hélice en ala. Su esfuerzo secular creó el poder del hombre sobre las fuerzas naturales, dominándolas primero para utilizarlas después. Fueron obra suya la palanca, la cuña, el hacha, la rueda, la sierra, el motor y la turbina. Nada dura en el mundo que no conserve el rastro de sus virtudes, vencedoras del tiempo.

Todo el capital de la humanidad es trabajo acumulado; lo crearon las generaciones que han trabajado y son sus dueños legítimos las generaciones que trabajarán. Los que detentan algo de ese capital común para convertirlo en instrumento de ocio, son enemigos de la sociedad.

El trabajo es un deber social. Los que viven sin trabajar son parásitos malsanos, usurpando a otros hombres una parte de su labor común. La más justa fórmula de la moral social ordena imperativamente: el que no trabaja no come. Quien nada aporta a la colmena no tiene derecho de probar la miel.

18. El trabajo es emancipador de la personalidad. Creando el hábito del esfuerzo inteligente, constituye la mejor disciplina del carácter. La injusticia social ha conseguido que hasta hoy el trabajo sea odiado, convirtiéndolo en estigma de servidumbre; no puede amarse lo que se impone precozmente, como una ignominia o un envilecimiento, bajo la esclavitud de yugos torpes, ejecutado por hambre como un suplicio, en beneficio de otros. El trabajo será bello y amado cuando represente una aplicación natural de las vocaciones y de las aptitudes, cuando la espiga sea cosecha propia del sembrador.

El trabajo contiene fuerzas morales que dignificarán a la humanidad del porvenir; existen ya, pero es necesario organizarlas, aunque se opongan intereses creados por los que viven en la holganza. La ciencia permitirá decuplicar el rendimiento del esfuerzo humano y disminuir a breves instantes el trabajo obligatorio para todos. Un caballo de vapor hace el trabajo de veinte hombres. El ideal de los que trabajan consistirá en rescatar las fuerzas productivas, sustrayéndolas al monopolio de los que no las han creado ni saben perfeccionarlas. Un solo millón de trabajadores bastaría para manejar veinte millones de esclavos de acero, creados por el trabajo mismo. Cuando todos adquieran la capacidad necesaria para trabajar, los hombres acabarán por disputarse esa hora de saludable pasatiempo.

Cada hombre debe hacer lo que mejor conviene a su temperamento y sus aptitudes, siempre que los resultados converjan a fines útiles y bellos. La sociedad es el único juez del trabajo individual; ella lo impone como un deber, ella lo somete a su sanción. El que teje una fibra, inventa una máquina, poda un jardín, levanta una casa, escribe un libro, tornea un eje, siembra su semilla, vigila un engranaje, cura un enfermo, educa un niño, modela una estatua, realiza una función benéfica para la sociedad. Cumple el deber de producir y tiene el derecho de consumir; dando lo que pueden su brazo y su ingenio, merece lo que necesita para su bienestar físico y moral.

19. La organización del trabajo es el cimiento de la armonía social. La disciplina es indispensable para hacer eficaz toda obra común; pero debe ser libremente aceptada como resultado de la competencia, antes que impuesta como abuso del privilegio. Es necesario aumentar la cultura técnica de los hombres, capacitándolos para las funciones que deben desempeñar en la sociedad. La producción, fuente del bienestar común, será más fecunda cuando los productores mismos puedan organizarla, multiplicando su rendimiento en beneficio colectivo. Conviene para ello educar los hábitos de cooperación en los hombres, en los gremios, en las comunas, en los pueblos, en la humanidad.

Extendiendo a todos un mínimo de trabajo indispensable, a ninguno le faltará tiempo para cultivar las actividades superfluas destinadas a embellecer la vida común, manifestándose en arte, en cultura, en delicadeza, que elevarán moralmente a la sociedad entera. Será posible, también, asegurar a todos los que trabajan una existencia confortable y digna, suprimiendo el derroche injusto de una minoría que huelga. La cooperación de los útiles eliminará el parasitismo de los inservibles.

Habrá paz cuando impere la justicia. Los hombres realizarán con amor las funciones requeridas por la división del trabajo; la benéfica desigualdad de vocaciones y de aptitudes podrá ser aprovechada en beneficio de todos, haciendo converger la heterogeneidad de los esfuerzos a la armonía de los resultados. Nadie será rueda ciega de una gran máquina: el trabajo de los especialistas, esterilizado hoy por falta de ideas generales, será inteligentemente comprendido por hombres que tengan una instrucción extensiva, que a cada uno dé conciencia de su función en el trabajo social.

Realizados con cariño, los más sencillos menesteres podrán tener un contenido de ciencia o de arte. Lo que es hoy castigo pudiera convertirse en deleite; bastaría saber que mientras uno trabaja para todos, están todos trabajando para uno. La solidaridad en el esfuerzo dará firmeza para realizarlo. Los más inteligentes e ilustrados comprenderán que son mayores sus deberes y sus responsabilidades; los menos dotados por la naturaleza amarán a los que contribuyan más generosamente a la grandeza común.

Capítulo 4. Simpatía, justicia, solidaridad

I. De la simpatía

20. Simpatizar es comprender. La simpatía es un secreto ritmo que pone en comunión los sentimientos, sin causa perceptible, anticipándose a toda reflexión sobre la conveniencia de la intimidad. Es confianza de ser comprendido; es deseo de serlo. Simpatizar con alguien, implica entregársele en alguna medida, sin temor a la deslealtad o la traición.

En todos los que trabajan, piensan o cantan, existe un fondo común de inclinaciones que pueden fácilmente vibrar al unísono; y en todos hay, a la vez, diferencias personales inarmonizables. La capacidad de simpatía predomina en los que saben comprender las tendencias homogéneas, y las cultivan en sí mismos, y las aman en los demás, gozando en su humano regocijo, sufriendo de su humano dolor. Los incomprensivos, que viven escudriñando lo inconciliable de los caracteres, para mellar las propias aristas contra las ajenas, no pueden sentir simpatía ni despertarla; están condenados a sembrar la discordia y a sufrir de ella.

Todo lo que es humano puede provocar una resonancia moral; pero no todo merece la misma simpatía, ni ésta nace igual ante motivos diferentes. La más fácil es la simpatía física; la más firme es la que arraiga en la comunidad de ideales. Debe ser espontánea y sin límites para que sea duradera; poner reservas a su natural expansión, es matarla. No conoce barreras: la lengua y las costumbres pueden apresurarla, si son idénticas; pero no logran obstruirla por mucho que difieran. La afinidad de anhelos, de creencias, de esperanzas, acerca los caracteres y los hace simpatizar, trasponiendo la distancia y el tiempo. Por eso se consideran hermanos todos los que sienten una misma ansiedad eudemónica, auscultando con idéntico fervor optimista el porvenir de la humanidad.

Saber encender la simpatía es un don natural, inexplicable y raro; saberla sentir, es un elemento decisivo de la felicidad. Los hombres que están inclinados a simpatizar con los demás son los mejores instrumentos de la armonía social.

21. La simpatía es bondad en acción. Obra bien todo el que puede simpatizar, porque esta aptitud abuena al hombre, apartándole del mal que conspira contra él mismo y contra los demás. La simpatía es generosa fuente de dicha y nos impulsa a sentirnos elevados por todo lo que eleva moralmente a nuestros semejantes.

La intolerancia y el odio nacen de la incapacidad de simpatía; no se tolera al que no se comprende, no se ama al que no sabe comprender. La pérdida de este sentimiento es el martirio de los pesimistas y los fracasados; sufren por la felicidad que envidian y a veces disfrazan de escepticismo su amargura, como los malos críticos que murmuran de cien autores, pero no consiguen igualar a uno.

La incapacidad de simpatía mata la confianza en sí mismo y siembra la discordia en los demás. Los suspicaces son antisociales, porque su acíbar envenena a todos; donde entran, desatan los lazos más firmes del amor. En su desgracia llevan la fuente del propio sufrir. Tiemblan de todo ruido y en toda sombra sospechan una celada. A nada se atreven, suponiendo que los demás están contagiados de su propio mal. Cuando necesitan de cómplices, acaban por entregarse a los más viles, haciéndose manejar por seres sin conciencia y sin responsabilidad. Los que han vivido envenenados suelen morir envenenados.

La falta de comprensión y de confianza equivale al mal: es simple maldad en acción. Son escorias sociales los que viven de la hipocresía o esparcen la calumnia, los que fingen o mienten, los que ocultan una partícula de la verdad que saben para obtener una prebenda o un beneficio, los que alientan la indignidad ajena o no se avergüenzan de la propia.

En la incapacidad de simpatía se incuban todas las degeneraciones del carácter. El engaño, la duplicidad, la artería, la traición, el crimen, son inconcebibles en un corazón capaz de simpatizar.

22. La comprensión es premisa de la justicia. Juzgar a los hombres sin comprender sus móviles, sus sentimientos o sus ideales, constituye una falta de moralidad. Saber comprender a los mejores, es privilegio de pocos que pueden elevarse hasta su nivel, adiamantando la simpatía inicial en admiración firmísima.

Se asciende por grados las etapas de la comprensión. En su aspecto más simple la simpatía es una tendencia instintiva que engendra la ternura, como si un reflejo de los sentimientos ajenos estremeciera nuestro corazón y lo obligara a latir por ellos poniendo al unísono la vida sentimental, entera.

Más honda comprensión existe en la solidaridad, que es simpatía consciente y pertinaz; la resonancia afectiva se eleva a unidad de creencias o de ideas, de actividad o de esperanzas. En la ternura la simpatía es íntima y encapullada; en la solidaridad es reflexiva y militante. Por eso la primera suele ser individual y preside a la comunión en el sufrimiento, mientras la segunda tiende a hacerse colectiva y es necesaria para la comunión en el esfuerzo.

El más alto ritmo de la simpatía es la admiración, Súmanse en ella los sentimientos y los conceptos superiores de la personalidad, los que convergen a la elaboración de los ideales humanos. Al admirar reconocemos que lo admirado se acerca a nuestro ideal; por eso el hombre sincero admira las obras ajenas en razón directa del goce que sentiría si las hubiera creado. Ningún sentimiento revela mayor espíritu de justicia; ninguno tiene más alto valor educativo.

La simpatía se convierte en instrumento de perfección cuando impulsa a tomar por modelos sus objetos y enseña a ser justo en la valorización de los méritos humanos. Aprendan los jóvenes a comprender y admirar, porque la admiración de lo superior estimula el deseo de igualarlo. Y es superior todo lo que aumenta el saber, la virtud y la dignidad entre los hombres; lo que tiende a armonizar los sentimientos de la humanidad; lo que puede encender la simpatía necesaria para servir grandes ideales.

II. De la justicia

23. La justicia es el equilibrio entre la moral y el derecho. Tiene un valor superior al de la ley. Lo justo es siempre moral; las leyes pueden ser injustas. Acatar la ley es un acto de disciplina, pero a veces implica una inmoralidad; respetar la justicia es un deber del hombre digno, aunque para ello tenga que elevarse sobre las imperfecciones de la ley.

La perfectibilidad social se traduce en aumento de justicia en las relaciones entre los hombres. Esa creencia ha embellecido las inquietudes que en todo tiempo agitaron a los núcleos más morales de la humanidad, y es de augurar que cada generación las renueve con creciente fervor en el porvenir. El mayor obstáculo al progreso de los pueblos es la fosilización de las leyes; si la realidad social varía, es necesario que ellas experimenten variaciones correlativas. La justicia no es inmanente ni absoluta; está en devenir incesante, en función de la moralidad social.

Todos los ideales melioristas tienen la justicia por común denominador y todos anhelan desterrar de la sociedad algún desequilibrio. La justicia tiende a orientar la estimación hacia la virtud, el bienestar hacia el trabajo, la honra hacia el mérito; y es, por eso, la cúspide imaginaria de la moralidad, que solo puede admirar esos fecundos valores sociales. Cuando por ello se mida a los hombres, habrá justicia en los pueblos; y no es varón justo el que no contribuye al advenimiento de esos valores en la medida de sus fuerzas.

24. Los intereses creados obstruyen la justicia. Todo privilegio injusto implica una inmoral subversión de los valores sociales. En las sociedades carcomidas por la injusticia los hombres pierden el sentimiento del deber y se apartan de la virtud. El parasitismo deja de inspirar repulsión a quienes lo usufructúan y encenaga a las víctimas en la domesticación. Los hombres viven esclavos de fantasmas vanos y la honra mayor recae en los sujetos de menores méritos. La justicia enmudece y se abisma.

Cuando en la conciencia social no vibra un fuerte anhelo de justicia nadie templa su personalidad, ni esmalta su carácter. Donde más medran los que más se arrastran, las piernas no se usan para marchar erguidos. Acostumbrándose a ver separado el rango del mérito, los hombres renuncian a éste por conseguir aquél: prefieren una buena prebenda a una recta conducta, si aquélla sirve para inflar el rango y ésta apenas para acrecentar el mérito. Los hombres niéganse a trabajar y a estudiar al ver que la sociedad cubre de privilegios a los holgazanes y a los ignorantes. Y es por falta de justicia que los Estados se convierten en confabulaciones de favoritos y de charlatanes, dispuestos a lucrar de la patria, pero incapaces de honrarla con obras dignas.

Loados sean los jóvenes que izan bandera de justicia para aumentar en el mundo el equilibrio entre el bienestar y el trabajo. Sin ellos las sociedades se estancarían en la quietud que paraliza y mata; la cristalina corriente del progreso que jamás se detiene, tornaríase mansa estabilidad de pantano que asfixia. Loados los que conciben más justicia, los que por ella trabajan, los que por ella luchan, los que por ella mueren. Son plasmadores del porvenir, encarnan ideales que tienden a realizarse en la humanidad.

25. El hombre justo rehuye complicidad en el mal. Niega homenaje a los falsos valores que ponen sus raíces en la improbidad colectiva. Los desprecia en los demás y se avergonzaría de usufructuarlos. Todo privilegio inmerecido le parece una inmoralidad.

El hombre justo se inclina respetuoso ante los valores reales; los admira en los otros y aspira a poseerlos él mismo. Ama a todos los virtuosos, a todos los que trabajan, a todos los que elevan su personalidad en el estudio, a todos los que aumentan con su esfuerzo el bienestar de sus semejantes.

El hombre justo necesita una inquebrantable firmeza. Los débiles pueden ser caritativos, pero no saben ser justos. La caridad es el reverso de la justicia. El acto caritativo, el favor, es una complicidad en el mal. Detrás de toda caridad existe una injusticia.

El hombre justo quiere que desaparezcan, por innecesarios, el favor y la caridad. La justicia no consiste en ocultar las lacras, sino en suprimirlas. Los remedios inútiles solo sirven para complicar las enfermedades.

El hombre justo no puede escuchar a los que predican la caridad para seguir aprovechando la injusticia. Pero su respuesta debe estar en su conducta, juzgando sus propios actos como si fueran ajenos, midiéndolos con la misma vara, severamente, inflexiblemente. La complacencia con las propias debilidades constituye la más inmoral de las injusticias. El hombre justo es capaz de rehusar un favor a su familia y a sus amigos, sabiendo que la debilidad de su corazón encubriría una injusticia. El hombre justo es, por fuerza, estoico; debe serlo siempre y con todos, sabe decir ¡no! a sus allegados y a sí mismo, cuando le asalta una tentación injusta. La madre de Pausanias llevó la primera piedra para que lapidaran a su hijo indigno...

III. De la solidaridad

26. La solidaridad es armonía que emerge de la justicia. Es simpatía actuante y da fuerza a los que persiguen un mismo objetivo. Hay solidaridad en una comunión de hombres cuando la dicha del mejor enorgullece a todos y la miseria del más triste llena a todos de vergüenza. Sin esta fuerza que acomuna las voluntades y los corazones, imposible es realizar grandes ensueños colectivos; la cohesión de un pueblo depende exclusivamente del unísono con que se ritmen las esperanzas, los intereses y los ideales de todos.

Donde falta justicia no puede haber solidaridad; sembrando la una se cosecha la otra. Gobernar un pueblo no es igualar a sus componentes, ni sacrificar alguna parte en beneficio de otras: es propender hacia un equilibrio que favorece la unidad funcional, desenvolviendo la solidaridad entre las partes, que son heterogéneas sin ser antagónicas. La heterogeneidad es natural, por la diferencia de aptitudes y de tendencias humanas; y es provechosa, porque engendra las desigualdades necesarias para las múltiples funciones de la vida social. Siendo naturales, las desigualdades no pueden suprimirse; ni convendría suprimirlas aunque se pudiese. La solidaridad consiste en equilibrarlas, creando la igualdad ante el derecho, para que todas las desigualdades puedan desenvolverse íntegramente en beneficio de la sociedad.

Cuando se obstruye a un solo hombre el camino de todas las posibilidades, hay injusticia en la nación. Todo privilegio en favor de una casta, partido, sexo, fracción o grupo, cohesionado en oposición a los demás, es un residuo de barbarie violatoria de la justicia. Las naciones están civilizadas en cuanto oponen la solidaridad total a los privilegios particulares.

La solidaridad se desarrolla paralelamente a la justicia. En las sociedades bárbaras, la lucha por la vida depende del desequilibrio entre las partes; éstas se van equilibrando en las sociedades civilizadas y aparece la asociación en la lucha por el bienestar común. La Justicia obra eliminando los privilegios no sustentados en el mérito, que se mide por la utilidad social de las funciones desempeñadas.

27. El desequilibrio social engendra la violencia. Cuando alguna parte de un todo se hipertrofia a expensas de las otras, la unidad funcional se altera y el juego de las recíprocas interacciones tórnase desatinado y funesto. Toda violencia es un efecto de causas; solo puede suprimirse reparando el desequilibrio que la engendra. Oponer la violencia a la violencia puede ser un mal necesario, pero es transitoriamente una

agravación del mal; solo es un bien si de ella surge un nuevo estado de equilibrio fundado en mayor justicia.

Hay, sin duda, naciones pobres y épocas de pobreza que nadie puede prevenir ni evitar. La miseria de una sola clase, en cambio, nace del desequilibrio interno en la economía de las naciones: es una desproporción entre las funciones ejercitadas y las recompensas recibidas. El hambre de algunos es injusta cuando otros ostentan opulencia; pero lo es más si, como es frecuente, ella recae en los que trabajan para mantener en la ociosidad a los que no la sufren. La miseria, más grave para la mente que para el cuerpo, disuelve en los hombres los sentimientos sociales y entibia los vínculos de la solidaridad.

La fe en la justicia de los demás es necesaria para no vivir como entre enemigos; el egoísmo, la avidez, la avaricia, la usurpación, el robo, nacen de la falta de confianza y provocan la violencia, que es un efecto de la injusticia, aunque a su vez sea injusta. Es natural en las sociedades bárbaras, pero incompatible con un estado ideal de civilización. Los intereses heterogéneos se coordinan favoreciendo el advenimiento de instituciones que aumentan la confianza en la lealtad de todos.

El odio y la hostilidad entre las partes son reflejos de viejas carcomas que perturban el equilibrio de la sociedad y rompen la armonía de sus funciones. Esos funestos sentimientos solo podrán extinguirse poniendo la Justicia como fundamento de la ética social, la Verdad como base de la cultura colectiva y el Trabajo como primera condición del mérito. El privilegio, la superstición y la ociosidad son los enemigos de la paz social.

28. La solidaridad crece en razón directa de la justicia. Quien dice que ella es una quimera irrealizable, conspira contra el porvenir. Antes fue solidario el hombre en su familia; después lo fue en su tribu; más tarde en su provincia política, en su comunión religiosa, en su grupo étnico. Hoy la solidaridad puede extenderse a todos los componentes de cada nación, cuya unidad espiritual debe fincar en la convergencia moral de cuantos piensan y trabajan bajo un mismo cielo. Y mirando más lejos: ¿por qué la solidaridad no estrechará algún día en un solo haz fraternal a todos los pueblos?

Ensueño... como tantas realidades actuales que en otro tiempo se dijeron ensueños. No neguemos a los corazones optimistas el hermoso privilegio de augurar el advenimiento de la paz y el amor entre los hombres; puede que en su ilusión haya una posibilidad, entre mil, de que llegue a realizarse. ¿Por qué cortaríamos esas únicas alas, que le impiden caer, a la más bella esperanza de la humanidad?

Difundamos, entretanto, una nueva educación moral que desenvuelva sentimientos propicios. La solidaridad convertirá en derechos todo lo que la caridad otorga como favores, y mucho más que ella no puede otorgar; pero también impondrá a todos la aceptación de los deberes indispensables para que desaparezca el odio entre los hombres, preparando el advenimiento de nuevos equilibrios sociales, incompatibles con la violencia y la injusticia.

Violencia: reclamar derechos sin aceptar el cumplimiento de los deberes que les son correlativos. Injusticia: imponer deberes sin respetar los derechos correspondientes. Por eso la solidaridad puede considerarse definida en la más sencilla fórmula de moral social: Ningún deber sin derechos; ningún derecho sin deberes.

Capítulo 5. Inquietud, rebeldía, perfección

I. De la inquietud

29. La inquietud espiritual revela gérmenes de renovación. Insatisfecha del pasado o anhelosa del porvenir, cada generación presiente el ritmo de lo que vendrá y anuncia la posibilidad de algo mejor, aunque no acierte a definirlo en precisos ideales. Frente al quietismo de los rutinarios la inquietud es vida y esperanza.

Los portavoces de la moral quietista, destinada a obstruir todo espíritu de progreso, contemplan el universo como una obra armónica; de ello infieren que la vida humana se desenvuelve en la mejor de las formas posibles, en el más perfecto de los mundos. Ese rancio optimismo de envejecidos metafísicos, que llevaría a mirar como grandes bienes las guerras y las epidemias, el dolor y la muerte, ha merecido críticas risueñas, jamás contradichas eficazmente.

La moral meliorista, presupuesto necesario de todos los que tienen ideales, opone al quietismo abstracto la creencia activa en la perfectibilidad; su optimismo no significa ya simple satisfacción frente a lo actual, sino confianza en la posibilidad de perfecciones infinitas. Lo existente no es perfecto en sí, pero marcha hacia un perfeccionamiento; para el hombre, en particular, se traduce en dignificación de su vida. Todo lo humano es susceptible de mejoramiento; es natural el devenir de un bien mayor, mensurable por el conjunto de satisfacciones en que los hombres hacen consistir la felicidad.

Afirmar que vivimos en una sociedad perfecta implica prescribir a los jóvenes una mansedumbre de siervos. De esa premisa escéptica partieron en todo tiempo los más hipócritas defensores de los intereses creados; mirar el inestable equilibrio actual como un orden definitivo, implica desconocer que en toda sociedad existen desarmonías eliminables por una perfección ulterior.

Cada nueva generación reconoce la existencia de injusticias reparables y afirma con su rebeldía que no hay orden social preestablecido, sino relaciones humanas destinadas a variar en el devenir. Su moral optimista no mira hacia atrás, sino hacia adelante; no es para corazones seniles, que ya no pueden perfeccionar el ritmo de sus latidos. El espíritu conservador es pasiva aquiescencia de los viejos al mal presente. El destino de los pueblos florece en manos de los jóvenes que saben sentir la inquietud de bienes venideros.

30. Todo esfuerzo renovador deja un saldo favorable para la sociedad. La lluvia que fecunda el surco no cuenta sus gotas ni teme caer en exceso; aunque una generación solo realice una parte mínima de sus ideales, esa parte justifica sobradamente la totalidad de su esfuerzo. Renovarse o morir, dijeron en su tiempo los renacentistas; renovarse o morir, repita siempre la juventud que entra a vivir en un mundo sin cesar renovado. Ésa, y ninguna otra, será la fórmula de los hombres y de los pueblos que aspiren a tener un porvenir mejor que su pasado.

La inquietud de saber más, de poder más, de ser más, renueva al hombre incesantemente. Cuando ella cesa, deja él de vivir, porque envejece y muere. La personalidad intelectual es función, no es equilibrio; tiende a una integración permanente, enriquecida sin cesar por una experiencia que crece y un sentido crítico que la rectifica. Renovarse es prueba de juventud funcional, revela aptitud para expandir el yo más íntimo, sin apartarse de sus caminos hondamente trazados; lo que es muy distinto del variar con la moda, que solo denuncia ausencia de ideas propias y pasiva adhesión a las ajenas. La incapacidad de perfeccionar su ideología permite sentenciar el envejecimiento de un pensador: implica la declinación de esas aptitudes asimiladoras e imaginativas que ensanchan el horizonte elevando los puntos de vista.

En la sociedad, como en el hombre, la inquietud de renovación es la fuerza motriz de todo mejoramiento; cuando ella deja de actuar, las sociedades se envilecen, marchando a la disolución o a la tiranía. El progreso es un resultado de la inquietud implícita en todo optimismo social; la decadencia es el castigo de las épocas de escéptico quietismo.

31. Lo bueno posible se alcanza buscando lo imposible mejor. Dice la Historia que ninguna juventud ha visto íntegramente realizados sus ensueños; la práctica suele reducir sus ideales, como si la sociedad solo pudiera beber muy diluida la pura esencia con que aquélla embriaga su imaginación. Es cierto; pero dice, también, que en las exageraciones de los ilusos y utopistas están contenidas las realizaciones que, en su conjunto; constituyen el progreso efectivo. ¡Alabados sean los jóvenes que equivocándose como ciento auguran un beneficio igual a uno! ¡Alabados los que arrojan semillas a puñados, generosamente, sin preguntarse cuántas de ellas se perderán y solo pensando en que la más pequeña puede ser fecunda!

Para el perfeccionamiento humano son inútiles los tímidos que viven rumiando tranquilamente, sin arriesgarse a tentar nuevas experiencias; son los innovadores los únicos eficaces, descubriendo un astro o encendiendo una chispa. Podrá ser más cómodo no equivocarse nunca que errar muchas veces; pero sirven mejor a la humanidad los hombres que, en su inquietud de renovarse, por acertar una vez aceptan los inconvenientes de equivocarse mil.

Los quietistas aconsejan dejar a otros la función peligrosa de innovar, reservándose el pacífico aprovechamiento de los resultados; los epicúreos de todos los tiempos han resuelto la cuestión según su temperamento. Pero los inquietos renovadores de las ciencias, de las artes, de la filosofía, de la política, de las costumbres, son los arquetipos selectos, las afortunadas variaciones de la especie humana, necesarias para revelar a los demás hombres alguna de las formas innumerables que incesantemente devienen.

La juventud es, por definición, inquieta y renovadora; la virilidad misma solo se mide por la capacidad de renovar las orientaciones ya adquiridas. Cuando se apaga, cuando se miran con temor las Ideas y los métodos que marcan el sendero del porvenir, podemos asegurar que el hombre comienza a envejecer. Y si el quietismo se convierte en odio sordo, en suspicacia hostil a toda renovación, debemos mirarlo como un signo de irreparable decrepitud.

II. De la rebeldía

32. Rebelarse es afirmar un nuevo ideal. Tres yugos impone el espíritu quietista a la juventud: rutina en las ideas, hipocresía en la moral, domesticidad en la acción. Todo esfuerzo por libertarse de esas coyundas es una expresión del espíritu de rebeldía.

La sociedad es enemiga de los que perturban sus mentiras vitales. Frente a los hombres que le traen un nuevo mensaje, su primer gesto es hostil; olvida que necesita de esos grandes espíritus que, de tiempo en tiempo, desafían su encono, predicando verdades vitales.

Todos los que renuevan y crean son subversivos: contra los privilegios políticos, contra las injusticias económicas, contra las supersticiones dogmáticas. Sin ellos sería inconcebible la evolución de las ideas y de las costumbres, no existiría posibilidad de progreso. Los espíritus rebeldes, siempre acusados de herejía, pueden consolarse pensando que también Cristo fue hereje contra la rutina, contra la ley y contra el dogma de su pueblo, como lo fuera antes Sócrates, como después lo fue Bruno. La rebeldía es la más alta disciplina del carácter; templa la fe y enseña a sufrir, poniendo en un mundo ideal la recompensa que es común destino de los grandes perseguidos: la humanidad venera sus nombres y no recuerda el de sus perseguidores.

Siempre ha existido, a no dudarlo, una conciencia moral de la humanidad, que da su sanción. Tarda a veces, cuando la regatean los contemporáneos; pero llega siempre, y acrecentada por la perspectiva del tiempo, cuando la discierne la posteridad.

33. El espíritu de rebeldía emancipa de los imperativos dogmáticos. Creencias que el tiempo ha transformado en supersticiones, siguen formando una atmósfera letal que impide el desenvolvimiento de la cultura humana. En cada momento de la historia se yergue heroico contra ellas el espíritu de rebelión, que es crítica, libre examen, iconoclastia.

Atrincherarse en tradiciones significa renunciar a la vida misma cuya continuidad se desenvuelve en constante devenir. La obsecuencia al pasado cierra la inteligencia a toda verdad nueva, aparta de la felicidad todo elemento no previsto, niega la posibilidad misma de la perfección, ¿Por qué —preguntó el filósofo— seguiremos bebiendo aguas estancadas en pantanos seculares, mientras la naturaleza nos ofrece en la veta de sus rocas el chorro de fuentes cristalinas, que pueden apagar nuestra sed infinita de saber y de amor? Las aguas estancadas son los dogmas consagrados por la tradición; las fuentes de roca son las fuerzas morales que siguen manando de nuestra naturaleza humana, incesantes, eternas. Esas fuerzas rebeldes nunca han dejado de brotar; viven, crean todavía, cada vez mejores. Renunciar a ellas, como quiere el tradicionalismo, es decir ¡alto! a la vida misma; es decir ¡no! a los ideales de la juventud.

El espíritu de rebeldía es la antítesis del dogma de obediencia, que induce a considerar recomendable la sujeción de una voluntad humana a otras humanas voluntades. En ese inverosímil renunciamiento de la personalidad, la obediencia no es a un ser sobrenatural, sino a otro hombre, al Superior. Ilustres teólogos han dado de ella una explicación poco mística y muy utilitaria, mirándola como uno de los mayores descansos y consuelos, pues el que obedece no se equivoca nunca, quedando el error a cargo del que manda. Este dogma lleva implícito un renunciamiento a la responsabilidad moral; el hombre se convierte en cosa irresponsable, instrumento pasivo de quien le maneja, sin opinión, sin criterio, sin iniciativa.

34. La rebeldía intelectual es eterna y creadora. La leyenda personifica en Satanás al ángel denunciador de las debilidades y corrupciones de la humanidad; y es Satanás en la poesía de Carducci el símbolo más puro del libre examen, del derecho de crítica, de todo lo que significa conciencia rebelde a la cuadriculación previa del pensamiento humano.

No es admisible ninguna limitación al derecho de buscar nuevas fuentes que fertilicen la vida. Obra de bienhechora rebeldía es descubrirlas, afirmarlas, aprovecharlas para el porvenir, impregnando la educación, ajustando a ellas la conducta de los hombres. La sabiduría antigua, hoy condensada en dogmas, solo puede ser respetable como punto de partida y para tomar de ella lo que sea compatible con las nuevas creencias; pero acatarla como inflexible norma de la vida social venidera, como si fuese un término de llegada que estamos condenados a no sobrepasar, es una actitud absurda frente al eterno mudar de la naturaleza.

El arte y las letras, la ciencia y la filosofía, la moral y la política, deben todos sus progresos al espíritu de rebeldía. Los domesticados gastan su vida en recorrer las sendas trilladas del pensamiento y de la acción, venerando ídolos y apuntalando ruinas; los rebeldes hacen obra fecunda y creadora, encendiendo sin cesar luces nuevas en los senderos que más tarde recorre la humanidad.

Juventud sin espíritu de rebeldía, es servidumbre precoz.

III. De la perfección

35. En todo lo que existe actúan fuerzas de perfección. La perfectibilidad se manifiesta como tendencia a realizar formas de equilibrio, eternamente relativas e inestables, en función del tiempo y del espacio. Nada puede permanecer invariable en un cosmos que incesantemente varía; cada elemento de lo inconmensurable tiende a equilibrarse con todo lo variable que lo rodea. En esa adecuación a la armonía del todo consiste la perfección de las partes. El sistema solar varía en función del universo; el planeta, en función del Sol que lo conduce; la humanidad, en función del planeta que habita; el hombre, en función de la sociedad que constituye su mundo moral. La más imprecisa nebulosa, la estrella más brillante, las cordilleras y los océanos, el roble y la mariposa, los sen-

timientos y las ideas, lo que conocemos y lo que concebimos entre la vía láctea y el átomo, está en perpetuo perfeccionamiento. La muerte misma es palingenesia renovadora; solo nos parece quietud y estabilidad porque suspende funciones que, en una parte mínima de lo real, llamamos vida.

Esa perfectibilidad incesante, al ser inteligida por la mente humana, engendra creencias aproximativas acerca de la perfección venidera: se concibe como futuro lo mejor de lo presente, lo susceptible de variar en función de nuevas condiciones de equilibrio, lo que sobrevivirá selectivamente en formas siempre menos imperfectas. Los ideales son hipótesis de perfectibilidad, simples anticipaciones del eterno devenir.

Toda perfección en el mundo moral se concibe en función de la sociedad, sacudiendo la herrumbre del pasado, desatando los lazos del presente. Una visión de genio, un gesto de virtud, un acto de heroísmo, son perfecciones que se elevan sobre las ideas, los sentimientos y las costumbres de su época; no pueden pensarse sin inquietud, ni pueden actuarse sin rebeldía.

36. La perfectibilidad es privilegio de la juventud. Solo puede concebir una futura adecuación funcional la mente plástica y sensible al devenir de la realidad; solo en los hombres nace el sentimiento de perfección, como deseo que invita a creer y como esperanza que Impulsa a obrar. El anhelo temprano de lo mejor dignifica la personalidad: la concepción meliorista de la vida impide al joven acomodarse a los intereses creados y lo pone en tensión hacia el porvenir.

La perfectibilidad es educable, como todas las aptitudes. El hábito de la renovación mental, extendiendo la curiosidad a lo infinito que nos rodea, observando, estudiando, reflexionando, puede prolongar la juventud en la edad viril. El hombre perfectible, si considera incompleta su doctrina o insegura su posición, busca fórmulas nuevas que superen el presente, en vez de cerrar los ojos para volver a los errores tradicionales. La juventud, cuando duda, rectifica su marcha y sigue adelante; la vejez, incapaz de vencer el obstáculo, desiste y vuelve atrás.

En todos los campos de actividad el deseo de perfección impone deberes de lucha y de sacrificio; el que dice, enseña o hace, despierta la hostilidad de los quietistas. No afrontan ese riesgo los hombres moralmente envejecidos; han renunciado a su propia personalidad, entrando en las filas, marcando el paso, vistiendo el uniforme del conformismo. Si son capaces de esfuerzo, será siempre contra los ideales de la nueva generación, aunándose en defensa de los intereses creados y sintiéndose respaldados por el complejo aparato coercitivo de la sociedad.

Amar la perfección implica vivir en un plano superior al de la realidad inmediata, renunciando a las complicidades y beneficios del presente. Por eso los grandes caracteres morales se han sentido atraídos por una gloria que emanara de sus propias virtudes; y como los contemporáneos no podían discernirla, vivieron imaginativamente en el porvenir, que es la posteridad.

37. Camino de perfección es vivir como si el ideal fuese realidad. Fácil es mejorarse pensando en un mundo mejor; está cerca de la perfección el que se siente solidarizado con las fuerzas morales que en su rededor florecen. Es posible acompañar a todos los que ascienden, sin entregarse a ninguno; se puede converger con ideales afines sin sacrificar la personalidad propia. No es bueno que el hombre esté solo, pues necesita la simpatía que estimula su acción; pero es temible que esté mal acompañado, pues las imperfecciones ajenas son su

peor enemigo. Hay que buscar la solidaridad en el bien, evitando la complicidad en el mal.

El hombre perfectible sazona los más sabrosos frutos de su experiencia cuando llega a la serenidad viril, si el hábito de pensar en lo futuro le mantiene apartado de las facciones henchidas de apetitos. En todo tiempo fue de sabios poner a salvo los ideales de la propia juventud, simplificando la vida entre las gracias de la Naturaleza, propicias a la meditación. Que en la hora del ocaso es dulce la disciplina iniciada por Zenón, renovada por Séneca y Epicteto, practicada por Marco Aurelio, cumbres venerables de la Stoa ejemplar cuyo ideal cantó Horacio en versos inmortales. Y fácil es, como desde una altura, abarcar a las nuevas generaciones en una mirada de simpatía, no turbada por la visión de sus pequeños errores.

Quien tiende hacia la perfección procura armonizar su vida con sus ideales. Obrando como si la felicidad consistiera en la virtud, se adquiere un sentimiento de fortaleza que ahuyenta el dolor y vence la cobardía. Todos los males resultan pequeños frente al supremo bien de sentirse digno de sí mismo. La santidad es de este mundo; entran a ella los hombres que merecen pasar al futuro como ejemplos de una humanidad más perfecta.

Capítulo 6. Firmeza, dignidad, deber

I. De la firmeza

38. Rectilíneo debe ser el servicio de un ideal. Quien ha concebido un arquetipo de verdad o de belleza, de virtud o de justicia, solo puede acercársele resistiendo mil asechanzas que le desvían. La vida ascendente exige una vigilancia de todas las horas; el favor y la intriga conspiran contra la dignidad de la juventud, apartándola de sus ideales mediante fáciles prebendas. Toda concesión, en el orden moral, produce una invalidez; todo renunciamiento es un suicidio.

Avergüénzate, joven, de torcer tu camino cediendo a tentaciones indignas. Si eres artesano evita enlodazarte recibiendo cosa alguna que no sea compensación de tus méritos; si eres poeta, no manches la túnica de tu musa cantando en la mesa donde se embriagan los cortesanos; si eres sembrador, no pidas la protección de ningún amo y espera la espiga lustrosa que al encantamiento de tus manos rompe el vientre de la tierra; si eres sabio, no mientas; si eres maestro, no engañes. Pensador o filósofo, no tuerzas tu doctrina ante los poderosos que la pagarían sobradamente: por tu propia grandeza debes medir tu responsabilidad y ante la estirpe entera tendrás que rendir cuenta de tus palabras. Sea cual fuere tu habitual menester —hormiga, ruiseñor o león—, trabaja, canta o ruge con entereza y sin desvío: vibre en ti una partícula de tu pueblo.

No imites al siervo que se envilece para aumentar la ración de su escudilla. Desprecia al corruptor y compadece al corrompido. Desafía, si es necesario, el encono y la maledicencia de ambos, pues nunca podrán afectar lo más seguramente tuyo de ti: tu personalidad. Ninguna turba de domésticos puede torcer a un hombre libre. Es como si una piara diese en gruñir contra el chorro de una fuente dulce y fresca: el agua seguiría brotando sin oír y, al fin, los mismos gruñentes acabarían por abrevar en ella.

Algo necesita cada hombre de los demás: respeto. Debe conquistarlo con su conducta. No es respetable el que obra contra el sentir de la propia conciencia; todos respetan al que sabe jugar su destino sobre la carta única de su dignidad.

39. La firmeza es acero en la palabra y diamante en la conducta. La palabra es sonora cuando es clara; todos la oyen si la pasión la caldea y a todos contagia si inspira confianza. La autoridad moral es su eco, la multiplica. Más vale decir una palabra transparente que murmurar mil enmarañadas. Los que tienen una fe o una ideología desdeñan a los retóricos y a los sofistas; nunca se construyeron templos con filigranas, ni se ganaron batallas con fuegos artificiales.

Cuando es imposible hablar con dignidad, solo es lícito callar. Decir a medias lo que se cree, disfrazar las ideas, corromperlas con reticencias, hacer concesiones a la mentira hostil, es una manera hipócrita de traicionar el propio ideal. Las palabras ambiguas se enfrían al ir de los labios que las pronuncian a los oídos que las escuchan; no engañan al adversario que en ellas desprecia la cobardía, ni alientan al amigo que descubre la defección.

De la palabra debe pasar la firmeza a la conducta. No se cansaban los estoicos de recordar el gesto firme del senador Helvidio Prisco. Pidióle un día Vespasiano que no fuera al Senado, para que su austera palabra no perturbara sus planes.

—Está en vuestras manos quitarme el cargo, pero mientras sea senador no faltaré al Senado.

—Si vais —repuso el emperador—, será para callar vuestra opinión.

—No me pidáis opinión y callaré.

—Pero si estáis presente no puedo dejar de pedírosla.

—Y yo no puedo dejar de decir lo que creo justo.

—Pero si lo decís os haré morir...

—Los dos haremos lo que está en nuestra conciencia y depende de nosotros. Yo diré la verdad y el pueblo os despreciará. Vos me haréis morir y yo sufriré la muerte sin quejarme. ¿Acaso os he dicho que soy inmortal? ...

Graba este ejemplo en tu memoria, artesano, poeta, sembrador o filósofo. Probable es que no puedas imitarlo en grado heroico, pero no lo olvides en tu habitual escenario. Haz de él un mandamiento de tu credo. Piensa que el porvenir de tu pueblo está en el temple moral de sus componentes.

40. El que duda de sus fuerzas morales está vencido. Manos que tiemblan no pueden plasmar una forma, apartar un obstáculo, izar un estandarte. La confianza en las fuerzas morales debe ser integral para actuar con eficacia. La vida es lucha incesante para los caracteres firmes, pues los intereses creados reclaman complicidad en la rutina común. No puede resistir quien teme ceder.

Firme es el hombre que sabe corregir sus juicios reflexionando sobre la experiencia propia o la ajena; voluble el que sigue las últimas opiniones que escucha, o acepta por temor las que otros le imponen. Firmeza es virilidad lúcida, distinta de la ciega testarudez; tan grande es la excelencia del que sabe querer porque ha pensado, como pequeña la miseria del que se obstina en mantener decisiones no pensadas.

La firmeza puesta al servicio de una causa justa alcanza al heroísmo cuando contra ella se adunan los domesticados y los serviles. En toda lucha por un ideal se tropieza con adversarios y se levantan enemigos; el hombre firme no los escucha ni se detiene a contarlos. Sigue su ruta, irreductible en su fe, imperturbable en su acción. Quien marcha hacia una luz no puede ver lo que ocurre en la sombra.

Nada deben los pueblos a los que anteponen el inmediato provecho individual al triunfo de finalidades sociales, más remotas cuanto más altas; todo lo esperan de jóvenes capaces de renunciar a bienes, honores, vida, antes que traicionar la esperanza puesta en cada nueva generación.

II. De la dignidad

41. Los jóvenes sin derrotero moral son nocivos para la sociedad. La incomprensión de un posible enaltecimiento los amodorra en las realidades más bajas, acostumbrándolos a venerar los dogmatismos envejecidos. Su personalidad se amolda a los prejuicios, su mente adhiere a las supersticiones, su voluntad se somete a los yugos. Pierden la posesión de su yo, la dignidad, que permite abstenerse de la complicidad en el mal.

Se envilece a la juventud aconsejándole el fácil camino de las servidumbres lucrativas. No presten oído los jóvenes a esas palabras de tentación y de vergüenza. Quien ame la grandeza de su pueblo debe enseñar que el buen camino suele resultar el más difícil, el que los corazones acobardados consideran peligroso. No merecen llamarse libres los que declinan su dignidad. Con temperamentos mansos se forman turbas arrebañadas, capaces de servir pero no de querer.

La dignidad se pierde por el apetito de honores actuales, trampa en que los intereses creados aprisionan a los hombres libres; solo consigue renunciar a los honores el que se siente superior a ellos. La gacetilla fugaz escribe sobre arena ciertos nombres que suenan con transitorio cascabeleo; los arquetipos de un pueblo son los que anhelan esculpir el propio en los sillares de la raza.

42. No es digno juntar migajas en los festines de los poderosos. Si jóvenes, deshonran su juventud, la traicionan, prefiriendo la dádiva a la conquista. En toda actividad social, arte, ciencia, fórmanse con el andar del tiempo caucus de hombres que han llegado. Desean mantener las cosas como están, oponiéndose a cuanto signifique renovación y progreso; son los enemigos de la juventud, sus corruptores. Todo ofrecen a cambio de la adulación y del renunciamiento, sinecuras en la burocracia, rangos en las academias. Aceptar es complicarse con el pasado. Juventud que se entrega es fuerza muerta, pierde el empuje renovador.

La burocracia es una podadera que suprime en los individuos todo brote de dignidad. Uniforma, enmudece, paraliza.

No puede existir moralidad en la nación mientras los hombres se alivianen de méritos y se carguen de recomendaciones, acumulándolas para ascender, sin más anhelo que terminar su vida en la jubilación. Una casta de funcionarios es la antítesis de un pueblo.

Donde los parásitos abundan, se llega a mirar con desconfianza la iniciativa y parece herejía toda vibración de pensamiento, vigor de músculo o despliegue de alas. No se emprende cosa alguna sin el favor del Estado, convirtiendo al erario en muleta de lisiados y paralíticos. Las andaderas son disculpables para los niños y los enfermos; el adulto que no puede andar solo, es un inválido.

Libres son los que saben querer y ejecutar lo que quieren; nunca hacen cosa alguna que les repugne ni intentan justificarse culpando a otros de sus propios males. Esclavos son los que esperan el favor ajeno y renuncian a dirigirse por sí mismos, incurriendo en mil pequeñas vilezas que carcomen su conciencia.

43. La independencia moral es el sostén de la dignidad. Si el hombre aplica su vida al servicio de sus propios ideales, no se rebaja nunca. Puede comprometer su rango y perderlo, exponerse a la detracción y al odio, arrostrar las pasiones de los ciegos y la oblicuidad de los serviles; pero salva siempre su dignidad. Nunca se avergüenza de sí mismo, meditando a solas.

El que cifra su ventura en la protección de los poderosos vive desmenuzando su personalidad, perdiéndola en pedazos, como cae en fragmentos un miembro gangrenado. Su lengua pierde la aptitud de articular la verdad. Aprende a besar la mano de todos los amos y, en su afán de domesticarse, él mismo los multiplica.

Para seguir el derrotero de la dignidad debe renunciarse a las cosas bastardas que otorgan los demás; todas tienen por precio una abdicación moral. El mayor de los bienes consiste en no depender de otros y en seguir el destino elaborado con las propias manos.

Joven que piensas y trabajas, que sueñas y amas, joven que quieres honrar tu juventud, nunca desees lo que solo puedas obtener del favor ajeno; anhela con firmeza todo lo que pueda realizar tu propia energía. Si quieres hincar tu diente en una fruta sabrosa, no la pidas; planta un árbol y espera. La tendrás, aunque tarde; pero la tendrás seguramente y será toda tuya, y sabrá a miel cuando la toquen tus labios. Si la pides, no es seguro que la alcances: acaso tardes en obtenerla mucho más que si hubieras plantado el árbol, y, en teniéndola, tu paladar sentirá el acíbar de la servidumbre a que la debes.

III. Del deber

44. *Las fuerzas morales* convergen al sentimiento del deber. La personalidad solo es coherente y definida en quien llega a formularse deberes inflexibles, que impliquen un pacto rectilíneo con los mandatos de la dignidad. Sin ser ley escrita, el sentimiento del deber es superior a los mandamientos reveladores y a los códigos legales: impone el bien y execra el mal, ordena y prohibe. Refleja en la conciencia moral del individuo la conciencia moral de la sociedad; en su nombre juzga las acciones, las conmina o las veta.

El deber no es una vana premisa dogmática de viejas morales teológicas o racionales. Más que eso, mejor que eso, es toda la moral efectiva, toda la moral práctica: un compromiso entre el individuo y la sociedad. Nace y varía en función de la experiencia social; con ella se encumbra o se abisma. En la medida que la justicia va consagrando los derechos humanos surgen los deberes que son su complemento natural y les corresponden como la sombra al cuerpo. Puesto que los hombres no viven aislados, es deber de cada uno concurrir a todo esfuerzo que tienda al mejoramiento de su pueblo, desempeñando con eficacia las funciones apropiadas a sus aptitudes. El hombre que elude el deber social es nocivo a su gente, a su raza, a la humanidad.

En los jóvenes que no deshonran su juventud, los deberes son el reflejo de los ideales sobre la conducta; cuanto más intensa es la fe en un ideal, más imprescindible es el sentimiento que compele a servirlo.

45. El deber es un corolario de la vida en sociedad. Si la moral es social, los deberes son sociales. Quimérica es toda noción de un deber que no se refiera al hombre y a su conducta efectiva; el deber trascendental, divino o categórico, ha sido una hipótesis ilegítima de las antiguas morales especulativas. En todas las razas y en todos los tiempos existió el sentimiento del deber, pero manifestado concretamente en deberes variables con la experiencia social, distintos en cada época y en cada sociedad, perfectibles como la moralidad misma. Han aumentado simultáneamente los derechos reconocidos por la justicia y los deberes impuestos por la solidaridad. Reducir el deber a un mandamiento sobrenatural o a un concepto de la razón, importa sustraerlo a la sanción real de la sociedad y relegarlo a sanciones hipotéticas e indeterminadas.

Ignorando el origen social del deber, no lo pudieron definir los estoicos, aun concibiendo magníficamente la perfección humana; por desconocer ese origen dieron los dialécticos en construir, con genio admirable, absurdas doctrinas del deber absoluto. Absurdas, como todo lo que contradice la naturaleza. Si la justicia fuese perfecta en la sociedad, podría concebirse el deber absoluto; pero esa hipótesis no ha sido efectivamente realizada en ninguna sociedad, ni es posible cosa alguna inmutable en una realidad que eternamente varía. La injusticia ha existido y existe, creando el privilegio, que es violación del derecho. De ello no se infiere que no ha existido el deber, ni que debe existir respetando la injusticia.

El sentimiento del deber, si absoluto en la conciencia del individuo, es relativo a la justicia de la sociedad. Donde es violado el derecho tórnase menos imperativo; cuando todos los derechos son respetados, cada hombre se inclina a cumplir sus deberes. Ninguna fuerza coercitiva puede imponer normas de conducta contrarias a la propia conciencia moral. La obligación del deber solo reconoce la sanción de la justicia.

46. La obediencia pasiva es la negación del deber. El hombre que dobla su conciencia bajo la presión de ajenas voluntades ignora el más alto entre todos los goces, que es obrar conforme a sus inclinaciones; se priva de la satisfacción del deber cumplido por el puro placer de cumplirlo. La obediencia pasiva es domesticidad sin crítica y sin control, signo de sumisión o de Ávilantez; el cumplimiento del deber implica entereza y valentía, cumpliéndolo mejor quien se siente capaz de imponer sus derechos.

Afirmar que el deber es social no significa que el Estado o la Autoridad pueden imponer su tiranía al individuo. El sentimiento del deber es siempre individual y en él se refleja la conciencia moral de la sociedad; pero cuando el Estado o la Autoridad no son la expresión legítima de la conciencia social puede consistir el deber en la desobediencia, aun a precio de la vida misma. Así lo enseñaron con alto ejemplo los mártires de la independencia, de la libertad, de la justicia. Cuando la conciencia moral considera que la autoridad es ilegítima, obedecer es una cobardía y el que obedece traiciona a su sentimiento del deber. Acaso sea ésta la única falla de Sócrates en la cárcel, si hemos de creer en la letra de su platónico diálogo con Critón, donde el respeto a la ley impone la obsecuencia a la injusticia.

La sociedad y el individuo se condicionan recíprocamente. Por el respeto a la justicia medimos la civilización de la primera; por la austeridad en el deber valoramos la moralidad del segundo. La fórmula de la justicia social es garantizar al hombre todos sus derechos; la fórmula de la dignidad individual es cumplir todos los deberes correspondientes. Los pueblos nuevos deben perseguir ese equilibrio ideal. Quien siempre habla de nuestros derechos, sin recordarnos nuestros deberes, traiciona a la justicia; pero mancilla nuestra dignidad quien predica deberes que no son la consecuencia natural de los derechos efectivamente ejercitados.

Capítulo 7. Mérito, tiempo, estilo

I. Del mérito

47. El rango solo es justo como sanción del mérito. No van siempre juntos, ni guardan armónica proporción. El rango se recibe, es adventicio y su valor fluctúa con la opinión de los demás, pues necesita la convergencia de sanciones sociales que le son extrínsecas; el mérito se conquista, vale por sí mismo y nada puede amenguarlo, porque es una síntesis de virtudes individuales intrínsecas. Cuanto mayor es la inmoralidad social, más grande es su divorcio; el mérito sigue siendo afirmación de aisladas excelencias; el rango se convierte en premio a la complicidad en el mal.

Los jóvenes que olvidan esos distingos viven genuflexos, rindiendo homenaje al rango ajeno para avanzar el propio; empampanándose de cargos y de títulos medran más que resistiendo con firmeza la tentación de la domesticidad. Cegados por bastos apetitos llegan a creer, al fin, que los funcionarios de más bulto son los hombres de mayor mérito y se acostumbran a medirlos por el número de favores que pueden dispensar.

El mérito está en ser y no en parecer; en la cosa y no en la sombra. Construir una doctrina, arar un campo, crear una industria, escribir un poema, son obras cuajadas de mérito, nimban de luz la frente y en ella encienden una chispa de personalidad: nebulosa, astro, estrella.

El mérito del pensador, del sabio, del energeta, del artista, es el mismo en la cumbre o en el llano, en la gloria o en la adversidad, en la opulencia o en la miseria. Puede variar el rango que los demás le conceden; pero si es mérito verdadero sobrevive a quienes lo otorgan o niegan, y crece, y crece, prolongándose hacia la posteridad, que es la menos injusta de las injusticias colectivas.

48. La servidumbre moral es precio del rango injusto. En las generaciones sin ideales se advierte una sorda confabulación de mediocridades contra el mérito. Todos los incapaces de crear su propio destino conjugan sus impotencias y las condensan en una moral burocrática que infecta a la sociedad entera. Los hombres aspiran a ser medidos por su rango de funcionarios; el culto cuantitativo de la actitud suplanta el respeto cualitativo de la aptitud.

Cuando el mal es hondo, como ocurre entre los diplomáticos de profesión, adquiere la inmoralidad estructura de sistema; los individuos se miden entre sí según su jerarquía, como fichas de valor diverso en una mesa de juego. El hábito de ver tasar a los demás por los títulos que ostentan, despierta en todos un obsesivo anhelo de poseerlos y hace olvidar que el Estado puede usar en su provecho la competencia individual, pero no puede conferirla a quien carece de ella. En el engranaje de la burocracia no es necesariamente economista el profesor de economía política, ni astrónomo el director de observatorio, ni historiador el archivero, ni escritor el secretario, como tampoco es fuerza que sea estadista el gobernante. Las más de esas personas, respetadas por su rango, ruedan al anónimo el día mismo en que lo pierden; en esa hora se mide la vanidad de su destino por el empeño con que sus domésticos alaban a los nuevos amos que los sustituyen.

El hombre que se postra ante el rango de fetiches pomposos, logra hacer carrera en el mundo convencional a que sacrifica su personalidad; lo merece. Su destino es frecuentar antesalas para mendigar favores, perfeccionando en protocolos serviles su condición de siervo.

Desdeñe la juventud esos falsos valores creados por la complicidad en el hartazgo. Burlándose de ellos, el hombre libre es un amo natural de todos los necios que los admiran. Respetando la virtud y el mérito, antes que el rango y la influencia, aprenderán los jóvenes a emanciparse de la servidumbre moral.

49. El mérito puede medirse por las resistencias que provoca. Toda afirmación de la personalidad suscita un erizamiento de nulidades; los jóvenes que alienten ideales deben conocer esos peligros y estar dispuestos a vencerlos. En el campo de la acción y del arte, del pensamiento y del trabajo, el mérito vive rodeado de adversarios; la falta de éstos es inapelable testimonio de insignificancia.

Áspero es todo sendero que se asciende sin cómplices; los que no pueden seguirlo conspiran contra el que avanza, como si el mérito ofendiera por el simple hecho de existir. La rebeldía de los caracteres firmes humilla a los que se adaptan con blandura de molusco; la originalidad de los artistas que crean subleva a los académicos cautelosos; el verbo nuevo de los sabios desconcierta a los glosadores de la rutina común. Todos los que se han detenido son enemigos naturales de los que siguen andando.

Sobresalir es incomodar; las medianías se creen insuperables y no se resignan a celebrar el mérito de quien las desengaña. Admirar a otros es un suplicio para los que en vano desean ser admirados. Toda personalidad eminente mortifica la vanidad de sus contemporáneos y los inclina a la venganza.

El anhelo de acrecentar los propios méritos obliga a vivir en guardia contra infinitos enemigos imperceptibles; de cada inferioridad humillada manan sutiles ponzoñas, de cada émulo rezagado parte una flecha traidora. Los jóvenes que sueñan una partícula de gloria deben saber que en su lid sin término solo tienen por arma sus obras; el mérito está en ellas y triunfa siempre a través del tiempo, pues la envidia misma muere con el hombre que la provoca. Por eso tener ideales es vivir pensando en el futuro, sin acomodarse al azar de la hora presente; para adelantarse a ésta, es menester vivir desorbitados, pues quien se entrega a la moda que pasa, envejece y muere con ella. Si el mérito culmina en creaciones geniales, ellas son de todos los tiempos y para todos los pueblos.

II. Del tiempo

50. Valorizando el tiempo se intensifica la vida. Cada hora, cada minuto, debe ser sabiamente aprovechado en el trabajo o en el placer. Vivir con intensidad no significa extenuarse en el sacrificio ni refinarse en la disipación, sino realizar un equilibrio entre el empleo útil de todas las aptitudes y la satisfacción deleitosa de todas las inclinaciones. La juventud que no sabe trabajar es tan desgraciada como la que no sabe divertirse.

Todo instante perdido lo está para siempre; el tiempo es lo único irreparable y por el valor que le atribuyen puede medirse el mérito de los hombres. Los perezosos viven hastiados y se desesperan no hallando entretenimiento para sus días interminables; los activos no se tedian nunca y saben ingeniarse para centuplicar los minutos de cada hora. Mientras el holgazán no tiene tiempo para hacer cosa alguna de provecho, al laborioso le sobra para todo lo que se propone realizar.

El estéril no comprende cuándo trabaja el fecundo ni adivina el ignorante cuándo estudia el sabio. Y es sencillo: trabajan y estudian siempre, por hábito, sin esfuerzo. Descansan de ejecutar, pensando; descansan de pensar, ejecutando. Al conversar aprenden lo que otros saben; al reír de otros aprenden a no equivocarse como ellos. Aprenden siempre, aun cuando parece que huelgan, porque de toda actividad, propia o ajena, es posible sacar una enseñanza y ello permite obrar con más eficacia, pues tanto puede el hombre cuanto sabe.

El tiempo es el valor de ley más alta, dada la escasa duración de la vida humana. Perderlo es dejar de vivir. Por eso, cuanto mayor es el mérito de un hombre, más precioso es su tiempo; ningún regalo puede hacer más generoso que un día, una hora, un minuto. Quitárselo, es robar de su tesoro; gran desdicha es que lo ignoren los holgazanes.

51. Cada actividad es un descanso de otras. El organismo humano es capaz de múltiples trabajos que exigen atención y voluntad; la fatiga producida por cada uno de ellos puede repararse con la simple variación del ejercicio. Solamente el conjunto de fatigas parciales produce una fatiga total que exige el reposo completo de las actividades conscientes: el sueño.

No necesita el hombre permanecer inactivo, mientras está despierto. Del trabajo muscular se descansa por el ejercicio intelectual; de las tareas del gabinete, por la gimnasia del cuerpo; de las faenas rudas, por la delectación artística; de la actividad sedentaria, por los deportes. Es innecesario reparar una fatiga parcial por el reposo total, renunciando a otras actividades independientes de esa fatiga; el sentimiento de pereza y el hábito de la holgazanería son insuficiencias vitales muy próximas a la enfermedad.

El hombre solo tiene conciencia de vivir su vida durante la actividad voluntaria y en rigor nadie vive más tiempo del que ha vivido conscientemente; las horas de pasividad no forman parte de la existencia moral. Nada hay, por eso, que iguale el valor del tiempo. El dinero mismo no puede comparársele, pues éste vuelve y aquél no; en una vida se pueden rehacer diez fortunas, pero con diez fortunas no se puede recomenzar una vida.

Cada hora es digna de ser vivida con plenitud; cada día el hombre debiera preguntarse si ha ensanchado su experiencia, perfeccionado sus costumbres, satisfecho sus inclinaciones, servido sus ideales. Estacionarse mientras todo anda, equivale a desandar camino. La pasividad, en los jóvenes, es signo de prematuro envejecimiento.

Aprovechando el tiempo se multiplica la dicha de vivir y se aprende que las virtudes son más fáciles que los vicios; aquéllas son un perfeccionamiento de las funciones naturales y éstos son aberraciones que las desnaturalizan.

52. La acción fecunda exige continuidad en el esfuerzo. Toda actividad debe tener un propósito consciente: no hacer nada sin saber para qué, ni empezar obra alguna sin estar decidido a concluirla. Solo llega a puerto el navegante que tan seguro está de su brújula como de su vela.

La brevedad del vivir impide realizar empresas grandes a los que no saben disciplinar su actividad. Descontando la adolescencia y la vejez, no llega a durar treinta años la vida viril y fecunda; de ese libro que tiene escasas tres decenas de hojas, el tiempo arranca una cada año. A menos que se renuncie a hacer cosas duraderas, conviene regatear los minutos, pues las obras persisten en relación al tiempo empleado en pensarlas y construirlas. Los jóvenes que se fijan un derrotero deben reflexionar sobre la angustia del plazo; hay que empezar temprano, jamás holgar, no morir pronto. Con eso y meditando las aptitudes que Salamanca no presta, pueden realizarse empresas dignas de sobrevivir a su autor.

Los tipos representativos de la humanidad han sido hombres que supieron contar sus minutos con tanto escrúpulo como el avaro su dinero. Todo el que persigue una finalidad vive con la obsesión de morir sin haberla alcanzado; pocos logran su objeto, siendo toda vida corta y largo todo arte. Pero al llegar la edad en que las fuerzas fallan solo pueden esperar serenamente la muerte los que aprovecharon bien su tiempo; si no alcanzaron su ideal en la medida que se proponían, les satisface la certidumbre de que, con medios iguales, hubiera sido imposible acercárseles más.

III. Del estilo

53. Hay estilo en toda forma que expresa con lealtad un pensamiento. Las artes son combinaciones de gestos destinados a objetivar adecuadamente los modos de pensar o de sentir; cuando la forma expresa lo que debe y nada más que ello, tiene estilo. No basta, en arte alguno, poseer concepciones originales; es necesario encontrar la estructura formal que fielmente las interprete.

Todo ritmo de pensamiento humano que alcanza expresión adecuada crea un estilo. Cada característica intelectual, de un pueblo o de una época, es sentida con más intensidad por hombres originales que le dan forma y renuevan la técnica de la expresión; en torno de ellos los imitadores se multiplican y forman escuela, hasta que la sociedad siente su influencia, adapta a ella su gusto y surge una moda. Seguir una escuela es la manera infalible de no tener estilo personal; entregarse a una moda es el método más eficaz para carecer de originalidad. En cualquier arte, solo puede adquirir estilo propio quien repudia escuelas y desdeña modas, pues unas y otras tienden a poner marcos prestados a las inclinaciones naturales.

No se adquiere estilo glosando la forma ajena para expresar las ideas propias, ni torciendo la expresión propia para adular los sentimientos ajenos. Estilo es afirmación de personalidad; el que combina palabras, colores, sonidos o líneas para expresar lo que no siente o no cree, carece de estilo, no puede tenerlo. Cuando el pensamiento no es íntimo y sincero la expresión es fría y amanerada; se rumian formas ya conocidas, se retuercen, se alambican, procurando en vano suplir la ausente virilidad creadora con estériles artificios.

El arte de escribir, particularmente, carece de excelencia mientras se preocupa de acariciar el oído o de engañar la razón con sofísticas oblicuas. Una máxima de Epicteto, desnuda, sin adverbios pomposos ni adjetivos sibilinos, tiene estilo y deja una impresión de serena belleza nunca igualada por los retorcidos discursos que abundan en las épocas del mal gusto; sobra, en la simple sentencia, la adecuación inequívoca de la forma al contenido, realizando una armonía que nunca alcanzan las prosas torturadas para disimular la oquedad. El más noble estilo es el que transparenta ideales hondamente sentidos y los expresa en forma contagiosa, capaz de transmitir a otros el propio entusiasmo por algo que embellece la vida humana: salud moral, firmeza de querer, serenidad optimista.

54. La corrección preceptiva es la negación del estilo original. En todas las artes, el tiempo acumula reglas técnicas que constituyen su gramática y permiten evitar las más frecuentes incorrecciones de la expresión; cualquier hombre de inteligencia mediana puede aprenderlas y aplicarlas, sin que por ello adquiera capacidad de expresar en forma propia su pensamiento. A nadie dan estilo las estéticas ni las retóricas que reglamentan la expresión, haciéndola tanto más impersonal cuanto más perfecta.

Los modelos y los cánones solo enseñan a expresarse correctamente, sin que la corrección sea estilo. Las academias son almácigos de mediocridades distinguidas y oponen firmes obstáculos al florecer de los temperamentos innovadores. La adquisición de estilo personal suele comenzar cuando se violan cánones convencionales del pensamiento y de la expresión.

En cada arte o género existen normas de corrección, pero no hay arquetipos de estilo, pues todo nuevo pensar requiere una nueva expresión; las formas que el tiempo ha consagrado como clásicas fueron en su tiempo rebeldías contra las de épocas precedentes. Hablar de estilo, en sí, es abstraer de todos los estilos individuales su común carácter de creación, omitiendo las diferencias que tipifican a cada uno y sin las cuales ninguno existiría. El estilo es lo individual, lo que no se aprende de otros, lo que permite reconocer al autor en la obra sin necesidad de que la firme. Por eso hay tanto estilo en la expresión de un artista como carácter en su personalidad; y siendo síntesis de su mente toda, vibrante en la expresión integral, no puede ser forma sin ser antes pensamiento.

La técnica correcta es una cualidad que embellece la obra, como la ornamentación al monumento, sin que por eso tenga valor propio fuera de la obra misma. La corrección es anónima, no eleva aunque impida descender; rara vez requiere verdadero talento. Un ejercicio suficiente permite escribir, dibujar o construir con corrección; es un adiestramiento físico y para él no se requiere más ingenio que para poner diez centros seguidos tirando al blanco.

Muchos profesores eximios conocen las intimidades de la preceptiva y poseen la técnica correcta de su arte; son, sin embargo, banales prosistas, pintores o músicos, sin personalidad y sin estilo, por falta de ideas y sentimientos originales. En cambio, sin corrección técnica, suelen resultar admirables las formas en que dicen un Dante o un Pascal, porque su estilo expresa una nueva orientación de ideas o de sentimientos, imposible de remendar con mosaicos de palabras.

55. La originalidad se revela en todas las formas de expresión. Es raro que un hombre de genio culmine excelentemente en varias artes o géneros; pero si lo hace, como Leonardo o Goethe, lo mismo tendrá estilo en la pintura y en la poesía, en la novela y en la ciencia, poniendo su marca a todo lo que pasa por sus manos, pensándolo más hondo, expresándolo más justo. Es común, sin embargo, que se circunscriba a un arte o género, acentuando su estilo en una forma única de expresión.

A las dos grandes categorías mentales, la apolínea y la dionisíaca, corresponden dos tipos de estilo, dos idiomas diferentes, rara vez armonizados en un mismo pensador. El uno es lógico y habla a la inteligencia; el otro es afectivo y habla al sentimiento.

El estilo que anhela expresar la verdad se estima por su valor lógico; su claridad es transparente, sus términos precisos, su estructura crítica. Es el lenguaje de las ciencias.

Por su valor estético es eficaz el estilo que expresa la belleza; su fuerza es emocional, figurados sus términos, lírica su estructura. Es el lenguaje de las artes.

Es raro que los valores lógicos y los valores estéticos culminen igualmente en un estilo. A la concepción general de altos problemas suele llegarse por un solo camino; fácilmente el esteta aprende a interpretar la belleza en consonancia con la verdad, y el lógico rara vez consigue caldear la verdad con el fuego de la belleza. Acaso una educación especial permitiera desenvolver con paralela intensidad las aptitudes críticas y las imaginativas; pero los que en su juventud lo consiguen, acaban prefiriendo un camino, el del arte o el de la ciencia, acentuando en su expresión las características del estilo estético o del lógico.

Una verdad expresada en teoremas puede ser comprendida por toda inteligencia educada, pero mejor se comprendería si vistiera formas embellecidas de armonía y acaloradas de entusiasmo. Sensible es que la brevedad del humano vivir sea obstáculo a la formación de un estilo integral en que se combinen los más altos valores lógicos y estéticos, la verdad más diáfana con la más emocionante belleza.

La perfección ideal del estilo, en todas las artes, consiste en adecuar la expresión al pensamiento, de tal manera que la transparencia de las ideas no sea empañada cuando las subraye el latir del corazón.

Capítulo 8. Bondad, moral, religión

I. De la bondad

56. No hay bondad sin tensión activa hacia la virtud. La disciplina mansa, la condescendencia pasiva, la sumisión resignada, son simples formas de incapacidad para el mal; el hipócrita que obra bien por simple miedo a lo coerción social es peor que el malo desembozado, pues sin librarse de su maldad la complica de cobardía. Ese conformismo negativo suele dar al hombre el bienestar en la servidumbre; solo virtudes positivas, militantes, pueden acrecer la propia felicidad y multiplicar la ajena.

Obediencia no es bondad. La excesiva domesticación paraliza en el hombre las más loables inclinaciones, cierra a la personalidad sus más originales posibilidades. El respeto a los convencionalismos injustos corrompe la conciencia moral y convierte a cada uno en cómplice de todos. Los caracteres débiles acaban obrando mal por no contrariar la maldad de los demás.

Es perpetua lucha obrar bien entre malvados. Sería fácil proceder conforme a la propia conciencia si la común hipocresía no conspirase contra el hombre recto, tentándole de cien maneras para conseguir su complicidad en el mal. La mayor vigilancia es pequeña contra las redes invisibles tendidas en todas partes por los intereses creados.

Es despreciable el juicio de los malos, aunque ellos sean los más. El bueno es juez de sí mismo, y se siente mejor cuanto más grande es la hostilidad que le rodea; sabe que cada gesto suyo es un reproche a los que no podrían imitarle. Los hombres de conciencia turbia temen la amistad de los caracteres rectilíneos; huyen de ellos, como alimañas de la luz. La bondad activa reacciona sembrando tantos bienes que al fin los malos se avergüenzan de sí mismos.

57. La bondad no es norma, sino acción. Un acto bueno es moralidad viva y vale más que cualquiera agatología muerta. El que obra bien traza un sendero que muchos pueden seguir; el que dice bien no puede encaminar a otros si obra mal. La humanidad debe más a los mudos ejemplos de los santos que a los sutiles razonamientos de los sofistas.

Si la bondad no está en la conducta, sobra en las opiniones. El hombre puede ser bueno sin el sostén de teorías filosóficas o de mandamientos religiosos, que son estériles patrañas en los doctores sin austeridad. Ninguna confianza merecen las buenas palabras de los que ejecutan malas acciones; solo puede prescribir celo moral a los demás el que renuncia a pedir indulgencia para sí mismo.

El hombre puede abuenarse adquiriendo hábitos que le orienten hacia alguna virtud; el largo camino, sin desvíos ni término, hay que emprenderlo precozmente para acendrar la personalidad, sembrando en la conciencia el pudor de las malas acciones. El bueno se mejora al serlo, pues cada acto suyo marca una victoria sobre la tentación del mal: y mejora a los demás, educando con la inobjetable lógica del ejemplo.

Si generosa de favores ha sido con él la Naturaleza, más obligado está el hombre a vivir de manera transparente; es justo que la exigencia del bien sea inflexible para con los que descuellan, porque su mal obrar tiene más grave trascendencia. El que se encumbra está obligado a servir de modelo sin que el exceso de ingenio pueda justificar la más leve infracción moral: cuanto más expectable es la posición de un hombre en la sociedad, tanto más imperativos se tornan sus deberes para con ella.

58. Donde disminuye la injusticia aumenta la bondad. Hay hombres irremediablemente malos, pero son una ínfima minoría: los más obran mal compelidos a ello por las injusticias de la sociedad. El espectáculo de vicios reverenciados y de virtudes escarnecidas perturba la conciencia moral de la mayoría, haciéndole preferir el camino del rango al del mérito. En una sociedad organizada sin justicia no resulta evidente que la conducta buena es de preferir siempre a la mala, pues lo refutan a menudo los beneficios inmediatos de la segunda.

Combatir la injusticia es la manera eficaz de capacitar a los hombres para el bien: ser bueno sería más fácil, y aun menos peligroso, cuando en todos los corazones vibrase la esperanza de que la bondad será alentada, no encontrando el mal atmósfera propicia. Se puede, entretanto, cultivar la bondad donde existe, sembrarla donde falta. Aunque el resultado inmediato fuera ilusorio, el esfuerzo de cada uno para abuenarse podría disminuir los obstáculos que dificultan el advenimiento de una justicia cada vez menos imperfecta. La ilusión misma es una fuerza moral y sentirse más bueno es mejorarse.

Con la bondad aumenta la propia dicha; el que no es bueno no puede creerse feliz. Pero es necesaria la bondad de todos para que sea completa la felicidad de cada uno, pues el que soporta la maldad ajena está condenado a sacrificarle alguna parte de su dicha. El problema individual de la conducta está implícito en el de la ética social, en cuanto la bondad se desenvuelve en función de la justicia.

II. De la moral

59. La moralidad se renueva como la experiencia social. No se ciñe a principios quiméricos que pudieran suponerse demostrados una vez para siempre, pues en cada tiempo y lugar se coordinan diversamente las relaciones entre los hombres. Los criterios de obligación y sanción se vivifican sin cesar, regulando la adaptación del individuo a la sociedad y de ésta a la naturaleza, en un ritmo que varía a compás de la experiencia.

Una ética nueva no es una serie de normas originales, sino una nueva actitud frente a los problemas de la vida humana; determinar lo que puede hacer el hombre para su elevación moral, por cuáles medios, en qué medida, es más útil que teorizar sobre deberes imposibles y finalidades extrahumanas.

El eticismo afirma la preeminencia de los intereses morales en la vida social, prescindiendo de cualquier limitación tradicionalista o dogmática, pues la ética es un proceso activo que crea valores adecuados a cada ambiente. Ningún viejo catálogo de moralidad contiene preceptos universales o inmutables; sus cuerpos de mandamientos y sus sistemas de doctrinas solo expresan el interés de castas que pretenden prolongar su influjo en el tiempo o dilatarlo en el espacio.

El sentimiento de una obligación moral no es categoría lógica ni mandamiento divino; existe como producto de la convivencia y engendra sanciones efectivas en la conciencia social. La vida en común exige la aceptación del deber por cada individuo y el respeto de sus derechos por toda la sociedad; en la medida en que se armonizan lo individual y lo social, condicionándose recíprocamente, la solidaridad reemplaza al antagonismo y la cooperación a la lucha.

En toda realidad social, según su coeficiente de experiencia, se elaboran ideales éticos que son hipótesis de futura perfección y difieren sin cesar de los que han servido en sociedades ya decaídas. Cada era, cada raza, cada generación, concibe diversamente las condiciones de la vida social y renueva en consecuencia los valores morales.

60. Los dogmas son obstáculos al perfeccionamiento moral. Los hombres de cada época adaptan su personalidad a relaciones sociales que incesantemente se renuevan. Asisten a la transformación del mal en bien, del bien en mal; la moralidad y la inmoralidad son muy distintas en la *Ilíada*, en la *Biblia* y en el *Corán*. Frente a esa inestable realidad es absurdo concebir la permanencia de dogmas abstractos que se pretendan eternos y absolutos.

Los intereses morales de la humanidad son hoy muy diversos de los que inspiraron las éticas clásicas, compuestas de cánones muertos cuya función normativa se ha extinguido con el tiempo. Hoy no es ayer, ni mañana será hoy; no es admisible que fórmulas legítimas para algún momento del pasado puedan considerarse intransmutables en todo el infinito porvenir. Los dogmatismos tradicionales son grillos que en vano pretenden paralizar la eterna renovación de los deberes y de los derechos.

La moralidad es savia que circula en las sociedades, condicionando la actividad recíproca de los individuos, sin cristalizarse en formularios, ni ajustarse a sentencias que limitan su devenir. El arquetipo ideal de conducta se integra a través de experiencias inagotables, que transmutan los juicios de valor, fundando la obligación y la sanción en cimientos adecuados a la cultura de cada sociedad.

No se piense, por esto, que renovar los valores morales implica arrevesarlos, considerando bien todo lo que antes fuera mal y viceversa; tan desatinada interpretación, que intimida a los mismos tradicionalistas que la inventan, solo denuncia incomprensión, no siempre involuntaria. Podar un árbol no es abatirlo ni cortar sus raíces, sino despojarlo del seco ramaje que floreció en la anterior estación y ya estorba a su retoñar en la siguiente. Cada revisión de valores equivale a una poda del árbol de la experiencia moral, duradero como la humanidad pero cambiante como las sociedades humanas.

61. En cada renovación aparecen gérmenes de nueva moralidad. De tiempo en tiempo el contenido de la realidad social rompe los moldes formales de las instituciones, como la granada madura agrieta su corteza y muestra los granos vitales por la roja herida. Al transformarse las relaciones entre los individuos y su sociedad, va acentuándose la ineficacia normativa de la moral precedente y se produce una decadencia. Es vano esperar que ésta pueda remediarse apuntalando los preceptos que la engendraron. Los hombres nunca descubrieron en el pasado antídotos eficaces contra los males presentes; las normas viejas no pueden regular las funciones de la vida nueva.

Cada hombre joven debe buscar en torno suyo los elementos de renovación que incesantemente germinan, cultivándolos en sí mismo, alentándolos en los demás. La voluntad de vivir en continua ascensión y la energía para perseverar en el esfuerzo, exigen confianza en la dignidad propia y en la justicia social; quien logra fiar en ellas no necesita apoyarse en dogmatismos providenciales ni en preceptivas metafísicas.

La juventud es, de todas, la fuerza renovadora más digna de confianza; los hombres maduros son árboles torcidos que difícilmente se enderezan, y los ancianos no podrían destorcerse sin morir. Cada nueva generación contiene gérmenes de perfeccionamiento moral; ¡guay de los pueblos en que los viejos logran ahogar en la juventud los ideales y rebeldías que son presagio de renovación ulterior! Los que afirman la perennidad del orden moral presente conspiran contra su posible perfeccionamiento futuro.

III. De la religión

62. Las creencias colectivas se idealizan en función de la cultura. La honda emoción del hombre ante los misterios de la Naturaleza dio origen a sentimientos religiosos, más tarde puestos al servicio del legítimo anhelo de perfección moral; aquella emoción y este anhelo, consolidados en muchos milenios de experiencia, parecen destinados a persistir en la humanidad, aunque variando de contenido y de forma. A medida que aumenta la cultura se plasman y extinguen mitos, nacen y mueren dogmas, se organizan y disgregan iglesias. La emoción ante el misterio aspira a depurarse de su contenido supersticioso, el anhelo de perfección moral se eleva a voluntad de ser mejor y de vivir entre hombres mejores; el sentimiento religioso, al idealizarse, conviértese en puro amor al deber, a la justicia, a la belleza, a la verdad.

Convirtiendo en función colectiva ese sentimiento, organizándolo, las religiones han tenido en sus comienzos un fin ético y han sido fuerzas eficientes de cohesión social, sin que a ello fueran obstáculo sus inevitables quimeras, debidas a la falsa explicación de lo desconocido por lo sobrenatural. Solo más tarde, al constituirse en iglesias y ejercitar un poder temporal, han adquirido una estructura política y antepuesto los intereses materiales al fervor sentimental de sus orígenes. Al misticismo, rebeldía que afiebra las horas iniciales; ha seguido en las religiones el dogmatismo, osificación que apuntala intereses creados. Mientras los apóstoles creen recibir revelaciones y las narran en textos, los teólogos razonan para interpretar lo que no siempre creen y adaptarlo a las conveniencias de sus iglesias.

Frente a las religiones que envejecen y se materializan, el sentimiento místico sigue engendrando subversivas herejías, que puede el tiempo convertir en religiones nuevas; las actuales han sido heréticas de las precedentes, el cristianismo del judaísmo, el protestantismo del catolicismo, el unitarismo del protestantismo. En cada tiempo y lugar la herejía de los místicos ha sido un factor de progreso moral, ora desacatando los dogmas de las iglesias decadentes, ora afirmando la posibilidad de orientar el sentimiento hacia ideales éticos menos imperfectos.

En el devenir multisecular los pueblos se han apartado gradualmente de sus primitivas supersticiones, humanizando sus creencias y adaptándolas a condiciones sin cesar renovadas de la vida social. Los dogmas de las iglesias pueden considerarse tanto menos adecuados a los fines éticos cuanto más divino y sobrenatural se pretende su origen, pues el mejoramiento de la moralidad efectiva solo es posible en los límites de lo humano y de lo natural.

63. La moralidad está en razón inversa de la superstición. Las religiones más supersticiosas son las menos morales, pues más atienden a la materialidad de las ceremonias que al contenido ético de la conducta. Lo mismo ocurre entre los adeptos de cada religión; la masa ignorante posee menor

moralidad que las minorías cultas. El exceso de superstición excluye la primacía moral; son valores antitéticos.

Los elementos naturales del sentimiento religioso son permanentes. La emoción ante lo incomprendido suele sobrevivir a la pérdida de las creencias ancestrales, engendrando formas superiores de misticismo, desmaterializadas. Un dulce éxtasis optimista puede embargar a los que contemplan las armonías siderales, a los que buscan el unísono entre la mente humana y el infinito que la rodea: a los que ansían aumentar la felicidad entre los hombres. Las formas estéticas, morales, metafísicas o sociales del misticismo, son transmutaciones superiores del sentimiento religioso, libres de superstición y de dogmas.

El valor ético de la religiosidad no ha sido privilegio de ninguna iglesia determinada y las más bellas virtudes humanas no fueron gracia particular de cualquiera de los dioses. Todas las creencias, alguna vez inspiraron nobles ejemplos de conducta, que constituyen un patrimonio moral común a toda la humanidad.

Los pueblos que veneran más dioses no son los que practican más virtudes. Solo después de adorar astros, animales, héroes, imágenes, aprende el hombre a elevar su veneración hasta ideales éticos. En todas las religiones la abundancia de las ofrendas y la crueldad de los sacrificios es signo de superstición, no de moralidad; las iglesias que manejan las unas y reglamentan los otros, son empresas en que la administración de los intereses temporales ha relegado a segundo plano las finalidades éticas.

64. La fe es pasión de servir un ideal. Es eterna y eternamente se renueva, porque no implica una creencia particular, sino un estado de conciencia que puede coexistir con todas. Los

que aman apasionadamente un ideal demuestran fe si lo predican con firmeza o lo defienden con heroísmo.

La fe de los místicos es una fuerza para la acción, pero no es un método para llegar al conocimiento de la verdad. Un estado de ánimo que impulsa a creer apasionadamente es útil para obrar; pero como pasión que perturba el juicio, excluye la crítica y cristaliza la creencia, no es instrumento adecuado para investigar.

Por muchos senderos puede marcharse con igual fe, aunque persiguiendo distintos objetivos. No obra la fe de igual modo cuando adhiere a supersticiones muertas y cuando entusiasma por ideales vivos. Su intensidad puede ser la misma al servicio de la verdad o del error, pero no son iguales sus resultados; ora sostienen un pasado que se derrumba, ora construyen el porvenir que deviene.

El sentimiento religioso, expurgado de las supersticiones ancestrales, podrá convertirse, en hombres más cultos, en una pura aspiración moral que no contradiga a las verdades de su tiempo; perfeccionándose en función de la experiencia, inspirará el deseo de obrar moralmente, dignificando la vida individual y social.

Hora podrá llegar en que los hombres mejores no busquen la complicidad de utilitarios dioses, acaso inventados para consuelo de víctimas o para justificación de verdugos; la fe acentuará entonces las fuerzas morales que les impongan buscar en la sabiduría las fuentes insecables del deber y de la responsabilidad. Y cuando un hábito de siglos les haga mirar a lo alto, verán que un águila, el ideal, tiende sin cesar el ala hacia una estrella, sin alcanzarla nunca: la fe sobrevivirá a todas las supersticiones, compeliendo al hombre hacia la perfección moral, que es infinita.

Capítulo 9. Verdad, ciencia, ideal

I. De la verdad

65. El amor a la verdad culmina entre las fuerzas morales. Virtud humana, no necesita convertirse en la adoración de un mito racional. Quede para el dogmático la presunción de poseer verdades imperfectibles, para el escéptico el renunciamiento a toda posible verdad, para el místico la confianza en inmutables verdades reveladas. Más respetable que cualquier opinión metafísica es el valor moral implícito en la investigación de la verdad, por todos los caminos que pueden acercarnos a ella, tal como podemos concebirla en nuestro punto del espacio y momento del tiempo. Hay menos mérito en la ilusión de poseer verdades absolutas que en el esfuerzo puesto en buscarlas relativas, sin asentir a fórmulas consagradas por la rutina de los demás, sin acatar nada que excluya el control de la experiencia y de la crítica.

Toda verdad expresa una preferible correlación funcional; el mudar incesante de lo real determina la variación de lo conocible y de lo conociente, cuyas relaciones solo pueden concebirse como un equilibrio inestable. No es lícito concebir preexistencia de verdades absolutas, universales o eternas, implícitas en lo real concreto o en la razón abstracta; en una experiencia como la humana, formada en función de un universo variante, devienen sin cesar verdades relativas a esa variancia misma.

El ignorante vive tranquilo en un mundo supersticioso, poblándolo de absurdos temores y de vanas esperanzas; es crédulo como el salvaje o el niño. Si alguna vez duda, prefiere seguir mintiendo lo que ya no cree; si descubre que es cómplice de mentiras colectivas, calla sumiso y acomoda a ellas su entendimiento.

El estudioso, si duda de las supersticiones vulgares, no omite sacrificios para emanciparse del error. Rectifica sus creencias con amor y con firmeza; no teme ilusorios fantasmas; se mueve con naturalidad en su ambiente, equivocándose cada vez menos en la apreciación de las cosas y de los hombres.

Todo error sincero merece respetuosa consideración. Es, en cambio, despreciable la hipocresía del que oculta sus ideas por venales motivos; y es criminal la mentira del que la enseña a sabiendas por torpes conveniencias.

Se puede amar la verdad poseyendo creencias inexactas. Pero el hombre que adhiere a las mentiras corrientes sin creer en ellas, es inmoral; no lo es menos el que sospecha que sus creencias son falsas, pero se niega a investigarlo, prefiriendo medrar del error a sufrir por la verdad. Desgraciados los que no conciben a Sócrates, que muere enseñando, ni a Galileo, que repite en el tormento su *eppur si muove*, como una apelación a la justicia de la posteridad.

66. Las supersticiones perpetúan el odio y la injusticia. Son residuos fósiles de creencias ya extinguidas; del remoto pasado, inmenso sepulcro, se levantan sus fantasmas para cruzar el paso a los que investigan la verdad. Son males que en el porvenir tendrán remedio, si no es irreparable la mentira que esclaviza a los hombres ni la ignorancia que los domestica. Todos los tartufos lo sospechan y nada les parece excesivo para perseguir la verdad, cuando asoma en el verbo de un apóstol o en la conciencia de un pueblo.

Equivocarse es humano. Podemos perdonar al que se equivoca si tiene el valor de confesarlo cuando se le demuestra su error. En cambio; quien carece de lealtad para reconocer sus errores es tanto más despreciable cuanto mayor en su empecinamiento. El que miente es un falsario, capaz de torcer la verdad, de embrollarla, de corromperla, de perseguirla. Los hombres que viven inmoralmente aborrecen la verdad y caen siempre en la cobardía de mentir.

Contados son los que desatan las ligaduras de lo convencional; contados los que tienen fe en la eficacia de la verdad y en una nueva educación que permita, en el porvenir, encaminarse hacia ideales más altos. El hombre no necesita para marchar las muletas de ningún dogmatismo; los que tienen temperamento místico pueden conciliar sus sentimientos con su razón recordando el aforismo clásico: no hay religión más elevada que la verdad. Sin las fuerzas morales que nacen del amor a ellas, los hombres no se emancipan de las supersticiones que son su yugo. El pasado oprime a los débiles y los ata a dogmas que otros forjaron; los muertos nos mandan en razón inversa de nuestra capacidad de vivir.

El que en nombre de errores tradicionales se opone a la libre investigación de la verdad, conspira contra la dignificación de su pueblo. Ningún sistema del pasado merece que se le sacrifique una hipótesis del porvenir. Nada debe acatarse antes de comparar hechos con hechos, ideas con ideas, doctrinas con doctrinas. Creer en el primer catecismo que se nos enseña o se nos impone, es renunciar a nuestra personalidad; adherir intencionalmente al que conviene a nuestros intereses materiales, como hacen muchos ricos incrédulos que fomentan la religión para domesticar a los pobres, equivale a renegar de toda moral.

Los dogmatismos son coacciones que los beneficiarios de la mentira hacen gravitar sobre nuestra conciencia. Las castas y las sectas imponen el sacrificio de algunas verdades o una limitación del libre examen. Por eso los grandes renovadores suelen sobreponerse a todos los dogmas, puesta su pupila en ideales que no caben en los casilleros de su tiempo; los aman y los sirven sin sujetarlos a conveniencias transitorias. Heraldos de un ideal son los que no enmudecen ante la hostilidad de los rutinarios: apóstoles son los que no acomodan su conciencia a viles necesidades de aprovechamiento personal. Su obra y su ejemplo sobreviven en los siglos, acrecentando el patrimonio moral de la estirpe humana.

67. Todo progreso moral es el triunfo de una verdad sobre una superstición. El Renacimiento de las artes y las ciencias fue una revolución tan grande que aún persiste el eco de ese conflicto entre lo medieval no extinguido y lo moderno en formación. Y la fuerza magnífica puesta en juego por sus actores, fue la verdad; el deseo de la verdad lógica, en la ciencia; el deseo de la belleza, que es la verdad en el arte; el deseo de la virtud, que es la verdad en la moral; el deseo de la justicia, que es la verdad en el derecho.

Amar la verdad es contribuir a la elevación del mundo moral; por eso ningún sentimiento es más odiado por los que medran de mentir. En todos los tiempos y lugares, el que expresa su verdad en voz alta, como la cree, lealmente, causa inquietud entre los que viven a la sombra de intereses creados. Pero aunque a toda hora le acechen la intriga y la venganza, el que ama su verdad no la calla; el hombre digno prefiere morir una sola vez, llevando incólume su tesoro.

El cobarde muere moralmente cien veces, si otras tantas reniega por miedo; es vil quien prostituye sus creencias en la hora del peligro, mintiendo para ganarse el perdón de sus propios enemigos. La cobardía moral es de suyo tan infame que ninguna pena podría aumentar su vergüenza; y la mayor de todas las cobardías consiste en callar la verdad para recoger las ventajas que ofrece la complicidad con la mentira.

Las verdades pueden ser peligrosas para quienes las predican. Pero el que las ama, lejos de arredrarse por el peligro, debe provocarlo, enseñándolas a los que aún pueden aprenderlas. En el corazón de los jóvenes la verdad es generadora, como el calor del Sol que en los jardines se convierte en flores.

La verdad es la más temida de las fuerzas revolucionarias; los pequeños motines se fraguan con armas de soldados, las grandes revoluciones se hacen con doctrinas de pensadores. Todos los que han pretendido eternizar una injusticia, en cualquier tiempo y lugar, han temido menos a los conspiradores políticos que a los heraldos de la verdad, porque ésta, pensada, hablada, escrita, contagiada, produce en los pueblos cambios más profundos que la violencia. Ella —siempre perseguida, siempre invencible— es el más eficaz instrumento de redención moral que se ha conocido en la historia de la humanidad.

II. De la ciencia

68. Las ciencias son sistemas de verdades cada vez menos imperfectos. La experiencia de mil siglos ha recorrido múltiples caminos en la exploración de lo desconocido y cada nueva generación podrá llegar más lejos por ellos o aventurarse por otros aún insospechados; las metas se alejan incesantemente y toda verificación plantea problemas que no podían preverse antes de ella. En cada etapa del saber humano, el amor a la verdad aconseja no considerar inmutables

las hipótesis legítimas de las ciencias, pero obliga a reputar ilegítimas las que no concuerdan con sus leyes demostrables.

Siendo variantes los elementos de nuestra experiencia, y sus relaciones, toda ley enuncia una constancia provisional en los hechos y es una expresión perfectible de relatividades funcionales. Es absurda la noción de principios absolutos e invariantes; y no merece llamarse hombre de ciencia quien padezca esas supersticiones trascendentales de los antiguos teólogos y metafísicos. Los que desean o temen que las ciencias fijen dogmas nuevos en reemplazo de los viejos, demuestran no haber estudiado ciencia alguna y no estar capacitados para hacerlo.

Los métodos no son cánones eternos, sino hipótesis económicas de investigación, inducidas de la experiencia misma; conducen a resultados rectificables que constituyen conocimientos relativos, presumiéndose ilimitada su perfección. No existen ciencias terminadas; es tan ilógico creer que ellas han resuelto los infinitos enigmas de la naturaleza, como suponer que puede entenderse alguno sin estudiar previamente las ciencias que con él se relacionan.

Cada ciencia es un sistema expresable por ecuaciones funcionales cuyos elementos variantes son hipótesis que sirven de andamiaje al conocimiento de una parte de lo real; el valor de cada hipótesis no es relativo a ningún principio invariante, sino al de otras hipótesis, siendo cada una función de las demás. Alguna futura teoría funcional del conocimiento concebirá las mismas hipótesis metafísicas como complejas ecuaciones funcionales, cuya variancia inexperiencial esté condicionada por las variancias experienciales, correlacionables todas en un sistema infinitamente perfectible.

69. El saber humano se desenvuelve en función de la experiencia. Todo lo que ha vivido, especies y generaciones, ha adquirido por adaptación y transmitido por herencia las aptitudes que constituyen el patrimonio instintivo que sirve de base a la experiencia humana. En ésta se combinan las impresiones de lo real, desde el desequilibrio inmediato del receptor sensitivo hasta las más abstractas reflexiones de la función de pensar.

Elementos simples se coordinan en los orígenes de nuestro saber. La caricia maternal, el canto de la cigarra, el titilar de la estrella, la dulzura de la miel, el perfume de la flor, concurren a nuestra representación inicial del mundo, que se integra en el devenir de más complejos conocimientos. El paso de las primitivas supersticiones a las doctrinas menos imperfectas consiste en la incesante sustitución de una hipótesis por otras, cada vez mejor correlacionadas entre sí.

Las ciencias son resultados de una milenaria colaboración social, en que se han combinado infinitas experiencias individuales. Cada sociedad, en un dado momento, posee cierta experiencia actual que es función de su ciencia posible; las hipótesis más arriesgadas son interpretaciones generales fundadas en los conocimientos de su medio y de su tiempo, por mucho que el genio se anticipe a la experiencia futura.

Patrimonio común de la sociedad, las ciencias no deben constituir un privilegio de castas herméticas ni es lícito que algunos hombres monopolicen sus resultados en perjuicio de los demás. El único límite de su difusión debe ser la capacidad para comprenderlas; el destino único de sus aplicaciones, aumentar la común felicidad de los hombres y permitirles una vida más digna.

Temiendo las consecuencias sociales de la extensión cultural, algunos privilegiados predicaron otrora la ciencia por la ciencia, pretendiendo reducirla a un placer solitario; los tiempos nuevos han reclamado la ciencia para la vida, palanca de bienestar y de progreso. Cuando la sabiduría deje de ser un deporte de epicúreos podrá convertirse en fuerza moral de enaltecimiento humano.

70. El espíritu científico excluye todo principio de autoridad. Un sistema funcional compuesto de elementos variantes no puede conciliarse con dogmas cuya invariancia se presume inaccesible a todo examen y crítica. El desenvolvimiento del saber tiende a extinguir las verdades infalibles sustentadas en el principio de autoridad y reputadas inmutables.

Ninguna creencia de esa índole debe ser impuesta a los jóvenes, obstruyendo la adquisición de ulteriores conocimientos y la formación de nuevos ideales. Enseñar una ciencia no es transmitir un catálogo de fórmulas definitivas, sino desenvolver la aptitud para perfeccionarlas. Los investigadores ennoblecerán su propia ética cuando se desprendan de los dogmas convencionales que perturbaron la lógica de sus predecesores.

Las ciencias dejarían de perfeccionarse si la critica no revisara incesantemente cada hipótesis en función de las demás. La duda metódica es la condición primera del espíritu científico y la actitud más propicia al incremento de la sabiduría. El amor a la verdad obliga a no creer lo que no pueda probarse, a no aceptar lo indemostrable. Sin la firme resolución de cumplir los deberes de la crítica, examinando el valor lógico de las creencias, el hombre hace mal uso de la función de pensar, convirtiéndose en vasallo de las pasiones propias o de los sofismas ajenos. El error ignora la crítica; la mentira la teme; la verdad nace de ella.

Merecen las ciencias el culto que les profesan los hombres libres. Son instrumentos de educación moral, elevan la mente, abuenan el corazón, enseñan a dominar los instintos antisociales. El amor a ellas, tornándose pasión, impulsa a renovar incesantemente las fuerzas morales del individuo y de la sociedad. Liberan al hombre de cadenas misteriosas, que son las más humillantes; por la mejor comprensión de sí mismo y del medio en que vive, aumentan su sentimiento de responsabilidad moral frente a las contingencias de la vida. Eliminan los vanos temores que nacen de la superstición, devuelven a la humanidad su rango legítimo en la naturaleza y desarrollan un bello sentimiento de serenidad ante la instable armonía del Universo.

III. Del ideal

71. Los ideales éticos son hipótesis de perfección. Cada sociedad humana vive en continuo devenir para perfeccionar su adaptación a un medio que incesantemente varía; las etapas venideras de ese proceso funcional son concebidas por la imaginación de los hombres en forma de ideales. Un hombre, un grupo o un pueblo son idealistas cuando conciben esos perfeccionamientos y ponen su energía al servicio de su realización.

Siendo expresiones de hipotéticos estados de equilibrio entre el pasado conocible y el porvenir imaginable, los ideales se postulan como anticipadas representaciones de procesos que se gestan continuamente en la inestable realidad social. Cuando no expresan una forma del posible devenir, son fantasmas vanos, futiles quimeras.

El valor de los ideales, como hipótesis de perfectibilidad, es muy diverso; pero es la ulterior experiencia, y solo ella, quien decide sobre su legitimidad en cada tiempo y lugar. Un ideal, como fuerza viva, es la antítesis de un dogma muerto; difieren tanto como un ruiseñor que canta en la rama y su cadáver embalsamado en la vitrina de un museo.

Por eso conviene repetir que en el curso de la vida social se seleccionan naturalmente; sobreviven los más adaptados, es decir, los coincidentes con el perfeccionamiento efectivo. Mientras la experiencia no da su fallo, todo ideal es respetable, aunque parezca absurdo. Y es útil, por su fuerza de contraste; si es falso muere solo, no daña. Todo ideal puede contener una parte de error o serlo totalmente: es una visión remota y por lo tanto expuesta a ser inexacta. Lo único malo es carecer de ideales y esclavizarse a las contingencias de la vida práctica inmediata, renunciando a la posibilidad de la perfección.

Formulando sus hipótesis en función de la experiencia social, toda ética idealista aspira a expresar un anhelo de perfeccionamiento efectivo; nada se le parece menos que los idealismos absolutos o trascendentales de los viejos metafísicos, cuyas hipótesis eran construcciones dialécticas desprovistas de correlación funcional con el devenir de la moralidad.

72. Toda moral idealista contiene una previsión del porvenir. Es su carácter esencial llevar implícitos los conceptos de perfección continua y de incesante devenir. Solo merecen el nombre de idealistas los hombres que anhelan algún futuro mejor contra un actual imperfecto.

Las creencias retrospectivas no son ideales sino supersticiones, signo de vejez mental en los individuos y en los pueblos. El conformismo y el tradicionalismo son negativos para el porvenir, pues implican adhesión a fórmulas que acaso sirvieron en algún momento del pasado y aún conservan cierta fuerza de inercia. Los más peligrosos enemigos de los ideales nuevos son, en cada época, los que siguen llamando idealismo a sus ideales viejos, como si especies fósiles ya extinguidas pudieran fijar cánones a la variación posible de las que continúan viviendo.

Es indudable que en el pasado existieron valores individuales dignos de admiración en todos los órdenes del saber, de la belleza, de la virtud; fuera insensatez despreciar la memoria de Pitágoras y Copérnico, de Ovidio y Leonardo, de Epicteto y Spinoza. Sus doctrinas y sus obras provocan todavía respeto o deleite, y es probable que durante muchos siglos despierten análogas emociones. Pero no es licito inferir de ello que es venerable todo lo pasado por el hecho de serlo; y lo es menos justificar sus muchas lacras por sus pocas excelencias.

Los grandes hombres constituyen un ejemplo porque, siendo idealistas, innovaron en su época y se anticiparon a las siguientes. Ignoraríamos sus nombres si, creyendo imperfectible el pasado, no hubieran intentado superarlo. El rango en la gloria no es cronológico y los genios son admirados independientemente de su antigüedad; Dante culmina sobre Virgilio, Shakespeare sobre Eurípides, Wagner sobre Mozart, tan seguramente como Homero sobre Tasso, Euclides sobre Newton y Miguel Ángel sobre Rodin.

Muy distinta es la escala de valores del tradicionalismo, simple doctrina de regresión al pasado que, en cada tiempo y lugar, pretende poner trabas a todo lo que significa renovación o perfeccionamiento. Cuando afirma que lo antiguo es mejor que lo presente, su oculta intención es sugerir que lo presente es mejor que lo futuro. En la vida social se resuelve en una acción de resistencia a la justicia y al progreso. Las llamadas instituciones tradicionales representan intereses creados que, por el solo hecho de existir, se oponen actualmente a toda aspiración renovadora.

73. El perfeccionamiento es incesante renovación de ideales. Si en cada momento del tiempo se modifica la realidad social no es concebible que los ideales de ayer tengan función hoy, ni que los de hoy la conserven mañana. Mientras coexistan en el espacio sociedades heterogéneas, cada ideal solo será legítimo donde sean efectivas las condiciones que lo engendran.

No existe un abstracto ideal con caracteres absolutos, mero concepto trascendente y eterno. Los ideales son múltiples y concretos, funcionales y perfectibles, variantes como las condiciones mismas de la vida humana. Es inevitable que los individuos y las sociedades formulen bajo aspectos distintos sus hipótesis de perfección, relativamente a sus experiencias particulares. Por eso hay tantos idealismos como ideales, y tantos ideales como idealistas, y tantos idealistas como hombres aptos para concebir perfecciones. La aspiración moral de lo mejor no es privilegio exclusivo de ningún dogmatismo metafísico.

La conciencia social formula en cada época ideales propios, que interpretan las nuevas posibilidades de su experiencia sin cesar renovada. Lo que ayer fue ideal puede ser hoy interés creado, enemigo de ideales más legítimos; y el ideal de hoy podrá convertirse mañana en rutina obstruyente de nuevos ideales.

Si nada es y todo deviene, como enseñaba Heráclito, el tiempo, integrando la experiencia, modifica el valor funcional de los ideales. Por omitir ese elemento de juicio resultan tradicionalistas en la vejez muchos hombres que fueron innovadores en la juventud; siguen pensando como si la realidad social no hubiese variado y no comprenden que el devenir ha exigido la renovación de los ideales. En todo tiempo han merecido el nombre de maestros los que supieron encender en los jóvenes el amor a la verdad y el deseo de investigarla por los caminos de la ciencia; pero fueron Maestros entre los maestros los que trataron de ennoblecer ese amor y ese deseo sugiriendo ideales adecuados a su medio y a su tiempo, para que la imaginación superase siempre a la realidad, remontándose hacia las cumbres inalcanzables de la perfección infinita.

Capítulo 10. Educación, escuela, maestro

I. De la educación

74. La educación es el arte de capacitar al hombre para la vida social. Sus métodos deben converger al desarrollo de todas las aptitudes individuales, para formar una personalidad armoniosa y fecunda, intensa en el esfuerzo, serena en la satisfacción, digna de vivir en una sociedad que tenga por ideal la justicia. Siendo indispensable al bienestar de todos la cooperación de cada uno, el que no sabe prestarla es un parásito; educar al hombre significa ponerlo en condiciones de ser útil a la sociedad, adquiriendo hábitos de trabajo inteligente aplicables a la producción económica, científica, estética o moral.

Todas las posibilidades deben presuponerse en cada uno. La educación debe ser integral, desenvolviendo simultáneamente las energías físicas, morales e intelectuales. Capacitar al hombre para la vida civil importa no descuidar ninguna de las tendencias que expresa como gustos y deseos. Todo lo que él puede aprender se le debe enseñar, sin poner límites a la cantidad ni a la calidad del aprendizaje. Cuanto más aprende el individuo tanto más útil resulta para la sociedad.

Hay una base de conocimientos generales que es indispensable a todo hombre, aparte de las capacidades especiales que cultive vocacionalmente. Toda especialización exclusiva, sin preparación general, es nociva para la misma especialidad. Los conocimientos aislados son poco eficaces cuando se ignoran sus relaciones con las técnicas afines. Debe enseñarse desde el comienzo todo lo que puede tener utilidad, sin perjuicio de que la vocación haga profundizar más tarde un género particular de estudios o de actividades.

75. Conviene a la sociedad el libre desenvolvimiento de las vocaciones. La cooperación de los hombres en el trabajo social exige que cada uno desempeñe con amor sus tareas, simples o complejas; y exige, también, que sea ilimitado el campo de expansión para todas las capacidades. La confianza en la eficacia del propio esfuerzo es indispensable para cumplir mejor la propia tarea y perfeccionarse en ella incesantemente.

La educación es eficaz cuando respeta la vocación de los niños, no violentando su temperamento ni sus inclinaciones. Desde la escuela de primeras letras hasta el aula de la universidad, cada hombre debe aplicar su inteligencia a sus aptitudes; nada hay más estéril que el estudio forzado de lo que no se comprende, nada más triste que privarse de aprender lo que se desea.

Es necesario tener conciencia del valor de lo que se hace. El mayor estímulo para la actividad humana es ver que ella realiza el fin pensado y querido. El carácter social de los fines debe ser acentuado desde que se inician las más sencillas actividades; de ese modo el niño se solidariza con la sociedad de que forma parte, se siente cooperador del bienestar común y aprende a serlo cada vez más.

En el pasado, educar fue domesticar, sometiendo todas las inclinaciones a una instrucción uniforme, reduciendo todas las vocaciones a un común denominador. En el porvenir será abrir horizontes a cada personalidad, respetando todas las diferencias, aprovechando todas las desigualdades naturales. La sociedad necesita aptitudes heterogéneas, pues son infinitas las funciones a desempeñar.

Generalizar la educación, intensificarla, hacerla múltiple y varia hasta la madurez, no implica en manera alguna la pretensión de nivelar los gustos y las tendencias de los hombres. Nuevas costumbres y nuevas leyes podrán establecer derechos comunes a todos los miembros de una sociedad sin que eso importe igualar las vocaciones y las capacidades; la desigualdad mental de los hombres es un postulado de la psicología. Cada individuo es una síntesis sistemática de elementos afectivos, intelectuales y activos, diversos por su origen e intensidad, que se coordinan de manera varia y según relaciones complejas. Estas benéficas diferencias excluyen el peligro de que todos los hombres aspiren a realizar las mismas funciones en la sociedad.

76. La educación social debe estimular las desigualdades individuales. El progreso colectivo comienza en la variación particular, que proviene de diferencias iniciales o adquiridas. La infinita diversidad de inclinaciones naturales debe ser conservada por la educación, dando oportunidades al incremento de las más provechosas en cada ambiente. Suprimiendo las presiones artificiales debidas al privilegio y a la injusticia, las aptitudes efectivas podrán perfeccionarse por la selección natural.

La educación puede aumentar la capacidad de todos los hombres para la vida social, pero no puede habilitar a todos hasta un mismo grado, ni para el cumplimiento de la misma función. Desde el idiota y el imbécil hasta el talento y el genio, existe una variadísima escala de aptitudes, originariamente distintas; la educación integral debe desenvolver todas las que existen, renunciando a la pretensión de crear las que faltan. Y en cada grado, las variedades son Inmensas.

Transformando las cualidades potenciales en capacidades efectivas, puede centuplicarse el valor social del hombre. Un ser de escasas aptitudes, desprovisto de toda educación, es un fronterizo de la imbecilidad; si, en cambio, recibe una educación vocacional, puede adaptarse al desempeño de funciones sociales utilísimas. Una mediana inteligencia oscilará desde la tontería hasta el talento asimilador, según sean o no cultivadas sus aptitudes; el ignorante y el erudito son dos productos distintos por su cultura, pero pueden constituirse sobre la misma medianía. La agudeza de espíritu, el ingenio propiamente dicho, cae en la frivolidad o raya en el talento, según eduque sus aptitudes congénitas. El mismo hombre de genio, por fin, necesita encontrar en el medio ciertas condiciones favorables a su desarrollo; la importancia de sus producciones varía con la mentalidad colectiva del grupo social en que aparece.

La intensidad de la educación no pretenderá, en suma, nivelar mentalmente a los hombres, sino aumentar la utilidad social de las diferencias, orientándolas hacia su más provechosa aplicación.

II. De la escuela

77. La escuela es un puente entre el hogar y la sociedad. Siendo su finalidad inmediata convertir el niño en ciudadano, deberá estar en contacto con la vida social misma, con la familia, con la calle, con el pueblo, vinculada a sus sentimientos, a sus esfuerzos, a sus ideales. La escuela de leer, escribir y las cuatro operaciones es un residuo fósil de las sociedades medievales, como los castigos y los exámenes.

En cada región, ciudad o aldea, conviene que la escuela refleje las actividades más necesarias a la vida, convirtiéndose en una prolongación del hogar, con sus costumbres y trabajos habituales. Convertida la educación en aprendizaje social, la escuela podrá anticipar a los niños lo que éstos devolverán a la sociedad cuando sean hombres. El alimento, el vestido, el juguete, el libro, la herramienta, deben ser dados gratuitamente, para educar al niño en una atmósfera de solidaridad y de confianza, para enseñarle que todos los padres trabajan para todos los hijos.

La primera función de la escuela es demostrar que la actividad es agradable cuando se aplica a cosas de provecho. El niño debe aprender a trabajar jugando, entre caricias y sonrisas, entre pájaros y flores; cuando la escuela le resulte más divertida que el hogar, mezclando los juegos a la producción de cosas útiles, amará el trabajo, lo deseará y al fin estará satisfecho viendo salir de sus manos cosas estimadas, como espontánea retribución de las enseñanzas recibidas.

Llena de Sol, de aire, de libertad, la escuela empezará siendo hogar y jardín. Las primeras nociones morales pueden aprenderse en un ambiente de cariño y de amor; las primeras nociones naturales se adquieren jugando en la naturaleza misma. Una caricia, un consejo, un ejemplo, enseñan más moral que un epítome; un insecto, una flor, un arroyuelo, enseñan más ciencia que un museo.

La escuela será después taller y ateneo, para la educación de las manos y de la inteligencia. Hay cien pequeñas cosas que el hombre libre debe hacer, para bastarse a sí mismo; hay cien preguntas de todo orden que el hombre debe plantearse, sin necesidad de tutores, si aspira a tener personalidad. Y, entre todas las que se practiquen y estudien, cada uno preferirá más tarde las que mejor se adapten a su temperamento y vocación con las espontáneas limitaciones implicadas en la desigualdad de las inteligencias.

78. La vida escolar debe preparar para la acción cívica. El trabajo y la lectura deben desarrollarse simultáneamente desde la iniciación escolar. Es absurdo atiborrar la memoria de palabras y de fechas, sin desenvolver al mismo tiempo las aptitudes físicas del organismo y los sentimientos de solidaridad social. Conviene perfeccionar aquellos métodos que permiten asociar la teoría a la práctica, combinando lo racional con lo manual, lo profesional con lo estético, lo abstracto con lo plástico, lo estático con lo funcional.

Siendo el trabajo el primer deber social, debe la escuela preparar al hombre para cumplirlo. El perfeccionamiento de la capacidad técnica convertirá a todo oficio en un arte y todo trabajador aspirará a ser un artista en su profesión. Al principio se educará para el trabajo no especializado, estimulando la agudeza de ingenio y la habilidad manual; antes de aprender un arte es necesario adquirir el hábito del esfuerzo, que después se aplicará al desarrollo de la vocación.

Siendo la cultura el primer derecho individual, la oportunidad de aprender debe ser continua e ilimitada. Los estudios superiores deben ser accesibles a todos los que deseen cultivarlos y tengan vocación para ello; será mejor para la sociedad que muchos puedan consagrarle el tiempo que ahora derrochan, después de efectuar el trabajo habitual y necesario. La posibilidad de estudios progresivos, para todos los que tienen aptitudes, determinará un incremento insospechado de las artes y de las ciencias, aumentando los altos placeres en que gusta esparcirse la actividad intelectual.

Desde la escuela debe formarse en el niño el sentimiento de la responsabilidad social, con el derecho de intervenir en la organización educativa y con el deber de acatarla. Mediante una intensa vida cívica escolar se irá formando el ciudadano, opinando y deliberando en asambleas, proponiendo iniciativas, señalando imperfecciones, adquiriendo el hábito de ser libre y veraz. El joven tendrá carácter, dignidad, firmeza, entrando a actuar en la vida civil como un hombre y no como una sombra.

79. La escuela no cabe en los límites estrechos del aula. Además del jardín, el taller, el museo y la palestra, la función escolar necesita la cooperación de organismos complementarios, indispensables para el perfeccionamiento vocacional de la cultura superior. Una sociedad que comprende sus intereses debe multiplicar la excursión educativa, a fin de que el niño pueda conocer las cosas y las energías de la naturaleza, e informarse de las técnicas perfeccionadas que mejoran el trabajo humano. Los institutos y corporaciones especiales deben ser accesibles a todos los que deseen mejorar en su arte mediante conocimientos científicos. Las asociaciones técnicas y los ateneos literarios deben complementar el aprendizaje del aula, manteniendo libres debates sobre todas las cuestiones y problemas que tienten la curiosidad intelectual. La Universidad, en fin, en vez de ser una suma de escuelas profesionales, debe convertirse en una entidad que ponga al servicio de todos, los resultados más altos de la ciencia, a la vez que coordine los esfuerzos de la investigación e imprima unidad a los ideales que renuevan la conciencia social.

La enseñanza escolar podrá ser extendida en el porvenir mediante grandes iniciativas editoriales, dirigidas por corporaciones de escritores, hasta multiplicar por millones la tirada de las obras de mérito, clásicas y modernas, útiles y agradables, de ciencia y de imaginación. Feliz la sociedad en que no lea el que no quiera leer, pero donde nadie deje de hacerlo por falta de libros.

III. Del maestro

80. Todo ser humano puede enseñar a otros lo que sabe. El que posea una vocación técnicamente educada podrá ser maestro de niños que tengan la misma vocación, cuando el aprendizaje haya incluido la propia didáctica.

En la educación inicial, que amplía el hogar hacia la sociedad, la simpatía y el amor pueden más que las cartillas y los silabarios. Toda mujer, mientras no sea madre, puede ser útil a la sociedad iniciando la educación de los niños de su ambiente inmediato; debe ser capacitada en la escuela para ese hermoso trabajo, que permitirá eliminar la intervención de personas mercenarias. La educación preescolar será una forma de maternidad espiritual y toda joven procurará ser amada por los niños confiados a su responsabilidad.

En la escuela será integral la enseñanza y ello exigirá conocimientos técnicos especiales. El magisterio debe ser una profesión vocacional; no hay peor maestro que el animado por simples fines de lucro, ni peor pedagogía que la practicada sin amor. La sociedad entrega al maestro los niños, como al jardinero las semillas, para que en aquéllos germinen sentimientos como de éstas brotan flores. Hay que saber formar los almácigos humanos, regarlos, protegerlos, apuntalarlos, clasificarlos, separar las malezas, para que de la escuela salga bella y lozana la más admirable flor del universo: el hombre.

El maestro del porvenir tendrá a su cargo la función más grave de la vida social. No será un autómata repetidor de programas, que otros hacen y él no comprende, sino un animador de vocaciones múltiples que laten en el niño buscando aplicaciones eficaces. Despertará capacidades con el ejemplo; enseñará a hacer, haciendo; a pensar, pensando; a discurrir, discurriendo; a amar, amando. Educar debe ser un arte agradable; el maestro formará caracteres como el escultor plasma estatuas.

El magisterio no debe ser una burocracia tabicada por títulos independientes de las aptitudes; no debe ponerse límites a la capacidad de aprender y de enseñar. Todo el que se inicie en la enseñanza elemental debe tener la posibilidad de llegar a la superior; la vocación educativa permite ser maestro y alumno a la vez. El que recibe la segunda enseñanza debe estar capacitado para impartir la primera, y el que se especializa en estudios superiores puede ser maestro de los secundarios. La sociedad debe a todos el máximum de enseñanza; pero es justo que imponga, como retribución, la obligación de enseñar. Todo estudiante secundario debería ser maestro elemental de las disciplinas que prefiere; todo estudiante universitario debería impartir la segunda enseñanza de las ciencias en que se especializa. Esta sencilla organización de las funciones educativas eliminaría la burocracia docente y centuplicaría la capacidad educadora de la sociedad. Horizontes ilimitados abriríanse a todos los que aman el estudio, permitiéndoles ascender desde la educación infantil hasta las cumbres más altas de la enseñanza superior, sin otra limitación que su capacidad de aprender más y enseñar mejor.

81. Los intereses educativos deben ser dirigidos por los mismos educadores. En cada género especial de enseñanza, nadie mejor que los mismos maestros puede establecer las condiciones y los métodos más eficaces. El control indirecto del Estado debe ser completado por el de las madres y padres, mientras los educandos son niños; pero a medida que los

alumnos avancen en edad y en estudio, ellos mismos deben intervenir en la organización escolar, tomando una ingerencia administrativa y técnica que vaya en aumento desde los tramos elementales a los superiores.

Deben ser rigurosamente excluidas de la dirección educativa todas las influencias políticas y dogmáticas. Las primeras corrompen la moral de los educadores y trabajan el nivel de la enseñanza; las segundas conspiran contra la libertad de pensar y tienden a invadir el fuero de la conciencia individual.

Las únicas jerarquías legítimas en el magisterio son las que nacen de la capacidad; nadie puede juzgarlas mejor que los mismos maestros, y, desde cierta edad, los alumnos. Toda jerarquía escolar, técnica y universitaria, debe tener en cuenta la opinión de los interesados en la función de la enseñanza; no es moral que maestros competentes trabajen subordinados a funcionarios incompetentes. La enseñanza en todas sus etapas y formas debe ser coordinada por organismos federativos regionales, compuestos por representantes de todas las instituciones que cooperan a la educación pública.

La libertad de la docencia y del aprendizaje elevarán el nivel de los estudios, por simple selección natural. Interesa a la sociedad el desenvolvimiento del mayor número de aptitudes y de vocaciones. El Estado se reservará, solamente, el control de la competencia para el ejercicio de profesiones que podrían ser peligrosas sin una capacidad técnica suficientemente demostrada.

La dignidad del magisterio se elevará cuando la conciencia social justiprecie el significado de su labor. En la antigüedad los maestros fueron esclavos; más tarde fueron siervos; hoy son asalariados. El porvenir dignificará cada vez más su situación, asegurándoles sin limitaciones el bienestar material que necesitan, elevando su rango civil hasta la altura de sus funciones y dándoles la autoridad moral que hará más eficaz su esfuerzo. No conviene a la sociedad que ganapanes pesimistas se resignen a soportar niños sin amarlos; solo serán maestros los que puedan cumplir vocacionalmente una tarea que es, de todas, la más honrosa.

82. El trabajo educativo implica la más grave responsabilidad social. El que acepta la tarea de enseñar y no la desempeña eficazmente, causa un daño irreparable a la sociedad que le confía su porvenir. El maestro debe desenvolver en sus alumnos todas las aptitudes, pues ellas serán más tarde capacidades convergentes al bienestar de su pueblo. La mayor eficacia del maestro no se obtiene recargándole de trabajo, sino exigiéndole más amor a sus deberes; la ventaja no está en que un hombre enseñe durante muchas horas, sino en que enseñe con gusto y bien durante pocas.

Cuando el magisterio se emancipe de las influencias políticas y de los torniquetes burocráticos, tendrá una libertad de iniciativa hasta ahora desconocida. Conforme a los resultados de su experiencia, cada maestro podrá ensayar nuevos métodos que perfeccionen el arte de enseñar. Los inspectores educativos no tendrán la misión de abrumarlos con reglamentos ni formularios que entorpezcan su labor, sino la de coordinar las ideas que todos recojan en la experiencia para aplicarlas en la mayor extensión posible.

Libres de toda imposición dogmática, los maestros enseñarán a pensar más bien que a repetir, a crear más bien que a copiar. Nada los obligará a enseñar lo que no crean. Es envilecedora la tarea de predicar principios o doctrinas que se reconocen falsos, por temor a las consecuencias de la verdad.

Antes que ser obsecuentes con las muertas rutinas del pasado, los maestros sugerirán ideales vivos para el porvenir. Nadie educa a sus padres y a sus abuelos, sino a sus hijos y a sus nietos. Es necesario pensar que cada generación necesita adaptarse a condiciones nuevas del medio social. Educar es desenvolver la capacidad para trabajar y el derecho a la vida presupone el deber del trabajo. Al entreabrir las inteligencias y adiestrar las manos debe preverse que ellas pensarán y trabajarán en un ambiente moral donde se irán atenuando las injusticias y los privilegios.

Capítulo 11. Historia, progreso, porvenir

I. De la historia

83. La historia viva es una escuela de renovación. Nada hay estable, ni inmóvil, ni eterno, en lo humano. Todo punto del pasado fue palestra de hombres que anhelaron demoler, transmutar o construir, inspirándose en ideales y pasiones que forman la movediza trama de la historia viva. De mentira y convencionalismo es, en cambio, la urdimbre de la historia muerta, Olimpo de fetiches embalsamados por los que medran de exhibirlos a la veneración de los ignorantes. Aquélla alimenta una tradición de incesantes rebeldías contra dogmatismos opresores; ésta alinea una tradición de fantasmas que decoran los panteones de la posteridad.

La justa comprensión del pasado enseña a militar en el presente y a prever el porvenir. La historia viva de una raza se compone de victorias y derrotas, triunfando hoy la infamia y mañana la justicia, encendiéndose pueblos enteros en una fe común o riñendo a muerte sus facciones por credos inconciliables, de cuyo trágico chocar cobran realidad las aspiraciones de los hombres mejores. La historia muerta es monumento erigido sobre el barro de la falsía para honrar bajo una misma cúpula al redentor y al tirano, al héroe y al bandido, al corruptor y al apóstol, sumando en una apologética todo lo que fue, nivelando cumbres y abismos.

Es cualidad primaria del historiador la probidad, pues si sola no basta, todas las demás son estériles sin ella; tanto más repulsiva es la mentira cuanto mayor prolijidad se advierte en su disfraz erudito. Es de alabar, sin duda, el sutil esclarecimiento de controvertidas minuciosidades, que pueden ser útiles claves de algún episodio del pasado inmenso; pero más loable es el valor de calificar y medir, enseñando a venerar varones ejemplares y a aborrecer bastardas medianías. En la historia viva los servidores de un despotismo no son iguales a los rebeldes que lo combatieron, ni se confunden los que medraron del error con los que inquirieron la verdad, ni se asemejan los que lucraron de ocultar sus principios con los que sufrieron por serles fieles. Miente toda historia muerta que tiene igual sanción para los mártires y para los verdugos, para los que han muerto en las hogueras y para los que las encendieron, para las víctimas y para los sicarios, como si el patriotismo de la posteridad fuese el Jordán de los peores. La historia sin sentido moral es una máquina de necedades; rebaja a los dignos justificando a los miserables.

84. Cada generación debe repensar la historia. Los hombres envejecidos se la entregan corrompida, acomodando los valores históricos al régimen de sus intereses creados; es obra de los jóvenes transfundirle su sangre nueva, sacudiendo el yugo de las malsanas idolatrías. La historia que de tiempo en tiempo no se repiensa, va convirtiéndose de viva en muerta, reemplazando el zigzagueo dramático del devenir social con un quieto panorama de leyendas convencionales.

Serpentean en todo suceso fuerzas contradictorias cuya valuación es función primordial de la historia viva. Lo que en su hora contuvo gérmenes vitales merece el culto de los jóvenes y de los pueblos viriles; lo que fue resistencia de algo que pujaba por no morir solo halla adhesión entre los ancianos y las razas decaídas. Conviene que la juventud venere lo mejor del pasado, lo digno de ejemplificar el presente; pero más conviene que sepulte las tradiciones regresivas que en su tiempo fueron dañinas y hoy serían peores, si apartaran a la juventud de su misión renovadora.

Es fuerza escudriñar el ayer para inquirir cuáles virtudes son dignas de cultivarse mañana; pero desear su continuación integral es absurdo, pues sobrevivirían también sus vicios, empeorados por el tiempo. En la historia de los pueblos toda parálisis es signo de muerte y toda restauración es un apagamiento; de las cenizas nada renace, ni costumbres ni instituciones. Las ruinas, emocionantes para el artista y evocadoras para el sabio, son yermos testigos de grandezas pretéritas que nunca podrán resucitar; refugiarse en ellas es sepultarse en vida.

Rinda culto la juventud de nuestros pueblos a los grandes hombres que lucharon por la emancipación política, por el ascenso ético, por la justicia social, manteniendo la continuidad del espíritu renovador en el curso de la historia. Nació la conciencia revolucionaria con el anhelo de la independencia, triunfó derribando el feudalismo colonial, fue enriquecida por obra de pensadores y estadistas, renació en cada nueva generación y fue el núcleo de ideales sin cesar integrados por las minorías ilustradas. Ame la juventud ese pasado en marcha y subraye admirativamente sus valores en la historia de los pueblos nuevos. Pero solo será justa si al mismo tiempo reprueba a cuantos obstruyeron la obra secular, pues los que fueron ayer sus enemigos lo son también hoy y mañana lo serán por fuerza.

85. Todo tiempo futuro será mejor. Si lo pasado fue lo único posible, podrá concederse que acaso fuera lo mejor en su tiempo; pero como siempre y doquiera la realidad social varía, legítimo es que lo venidero sea mejor que lo precedente, en función de las variaciones sociales por venir. Suponer que

variando las condiciones puede permanecer invariante lo condicionado, equivale a creer que en la era actual podrían seguir viviendo las extinguidas faunas del terciario.

Revelan agotamiento los que declaman las excelencias del pasado y tiemblan de ira ante la iconoclastia juvenil, como si el infortunio de encanecer acrecentara méritos y estableciera preeminencias. La vejez solo es respetable por la cantidad de juventud que la precedió; cada nueva generación debe amar a los viejos que en su tiempo supieron ser jóvenes y admirarlos si acometieron empresas dignas de admiración, sin que ello obligue a nada para con los que envejecieron desperdiciando su vida. Deliran los seniles que miran su senectud como un título para dar consejos a los jóvenes que no se los piden; quien no supo pensar los problemas de hace medio siglo mal podría estar capacitado para comprender los actuales o sospechar los futuros.

Si la actitud optimista frente a la vida exige fe en la perfectibilidad social, toda quimera generosa, insurgente clarinada, libertador anuncio, merece tener un eco romántico en cada generación que anhela agregar un capítulo a la historia viva. Pensar en lo que vendrá es picar espuela hacia ello y cooperar a su advenimiento; solo honran a su pueblo los que nada omitieron para elevarlo al rango de los mejores.

II. Del progreso

86. La variación social es obra activa de minorías pensantes. El progreso no resulta del querer de las masas, casi siempre conformistas, sino del esfuerzo de grupos ilustrados que las orientan. Los ideales comunes, representados por la conciencia social, no son igualmente sentidos por todos los miembros de una sociedad; solamente son claros y firmes en

los núcleos admiradores, que prevén el ritmo del inmediato devenir. La capacidad de iniciar las variaciones necesarias, presionando la voluntad social, suele ser privilegio de hombres selectos que se anticipan a su tiempo. Todo progreso histórico ha sido y será obra de minorías revolucionarias que reemplazan a otras minorías, ante la inercia pasiva de los más, obedientes por igual a cualquiera de los vencedores.

Cada variación implica un desequilibrio de los intereses creados y tiende hacia un nuevo estado de equilibrio; el proceso de sustitución se acompaña de crisis que implican un transitorio desorden, condición preliminar al advenimiento de un orden nuevo. En el devenir social solo merece el nombre de revolución tal cambio de régimen que importe hondas transformaciones de las ideas o radicales desplazamientos de los intereses coexistentes en la sociedad; no es lícito confundir su gesta palingenésica con los motines o turbulencias que convulsionan la vida del Estado político.

El desequilibrio de un régimen se inicia por insurgencias individuales no exentas de peligro, por cuanto importan un desacato al conformismo convencional; si esas variaciones corresponden al devenir efectivo, los ideales nuevos que las inspiran encuentran ecos centuplicadores, clarean espíritus, ensamblan voluntades, hasta que la minoría renovadora adquiere capacidad para presionar a la mayoría neutra y quita al fin el contralor del Estado a la minoría enmohecida ya por la rutina.

87. La herencia social es pasiva resistencia de inconscientes mayorías. Las fuerzas de variación tienen su enemigo militante en las minorías conservadoras, detrás de las cuales actúa su aliado invisible, indeterminado, anónimo, cien veces más poderoso, doscientas más eficaz: los hábitos sedi-

mentados en la rutina de las mayorías, que de una en otra generación, de uno en otro siglo, heredan, amalgamados por el tiempo, ciertos caracteres que obstruyen la adquisición de otros nuevos.

La inercia mental de los más obra como peso muerto frente al variar de la realidad y a los ideales que interpretan su ritmo. El conformismo nace de los hábitos que acomodan la voluntad a la menor resistencia; toda variación que altere el actual estado de equilibrio perturba esos hábitos y plantea dificultades imprevistas que reclaman un nuevo esfuerzo de adaptación. En el orden social la rutina representa acomodaciones ya automáticas, opuestas a cualquier renovación que exija actividades inteligentes; las mayorías amorfas nunca desean los cambios que promueven las minorías pensantes, porque para ellas todo cambio es trabajo presente cuyos beneficios ulteriores no sospechan. Son, por ende, enemigas del progreso, sin perjuicio de aprovechar más tarde los cambios realizados por el exclusivo esfuerzo ajeno.

Los hombres viejos son personalmente refractarios a toda novelería, como las viejas castas lo son en la sociedad y los pueblos viejos en el mundo. Esclerosado ya su armazón ideológico, siguen viviendo en los límites más próximos a la inercia y toda variación amengua sus posibilidades vitales.

La desherencia es indispensable en toda renovación y ésta solo es posible en la justa medida en que aquélla se realiza. El lastre hereditario enmohece los cerebros y permite que opiniones históricamente inactuales sigan teniendo partidarios; anchas masas humanas profesan creencias que otrora fueron ideales y hoy son ya supersticiones.

Mientras la mentalidad social no se purgue de residuos ancestrales no pueden arraigar en ella las ideas nuevas que son su negación. Los ciclos de la historia son para los pueblos como los cambios de estación para los árboles; conviene podar las ramas secas para que rompa la gemación con más pujanza.

88. El progreso es un resultado de la lucha entre la variación y la herencia. Lo que resiste a morir se opone a lo que necesita nacer. Los hombres y las instituciones achacosas son obstáculo al devenir de hombres e instituciones viriles. Lo ya inadaptable estorba a toda nueva adaptación.

Se realiza un progreso particular cada vez que el variar logra una victoria sobre lo heredado; y el progreso, en general, es la serie de victorias obtenidas por la inteligencia sobre el hábito, por el ideal sobre la rutina, por el porvenir sobre el pasado.

La historia enseña que toda crisis revolucionaria deja un saldo favorable al progreso, aunque generalmente inferior a las esperanzas que la precedieron. Los ideales de la minoría pensante rebajan su ley al ser incorporados a la experiencia social, perdiendo en intensidad lo que ganan en extensión; al tomar contacto con la mayoría pasiva que los acata, solo consiguen modificarla a precio de la propia modificación, mediante un intercambio recíproco en que la herencia limita parcialmente la variación.

No es uniforme, aunque continuo, el ritmo del progreso; altérnanse períodos de afiebrada renovación con fases de estabilidad relativa, que por contraste parecen reacciones, aunque son momentos menos acelerados de un mismo devenir. En los primeros todo tiende a variar originalmente, adaptándose a los cambios operados en la realidad social; reina un clima ético propicio al florecimiento de la genialidad y a la expansión de las minorías idealistas. Durante las segundas se enmohecen las ideas y los sentimientos, predominando en las costumbres lo que tiene más raigambre ancestral; el ambiente es adecuado al medrar de los medianos y las mayorías sin ideales prestan su hombro al tradicionalismo conservador.

Ningún progreso sería posible en las instituciones si las fuerzas activas que lo determinan necesitaran para actuar el consentimiento de las masas pasivas; es función propia de éstas resistirlo y no lo ignoran los conservadores al ampararse en su consentimiento. Los más altos problemas de filosofía política giran en torno de la voluntad atribuida a mayorías que no tienen ninguna, pues se limitan a servir a quien detenta la máquina del poder. Negar a minorías activas y pensantes el derecho de imponer sus ideales a mayorías que los ignoran, los temen o los rechazan, es ignorar toda la historia pasada y proscribir todo progreso futuro.

III. Del porvenir

89. Lo presente es pasado o porvenir. La estabilidad discontinua es ilusoria abstracción; todo lo que llega a nuestra conciencia es continuo, se sucede, dura, deviene. Cuando en lo que pasa ante nuestros ojos creemos percibir una forma estable, ya ha dejado de ser; en la línea espacial que objetiva el concepto del tiempo, el presente es un punto sin dimensiones que separa lo inmediato pasado de lo inmediato venidero, lo que se hunde en la memoria y lo que se prevé en la imaginación. Nada es actual, nada cabalga la hipotética arista en que se intersectan el plano de lo que fue y el de lo que será. Se vive en continuo porvenir y quien viviera del pasado y en el presente, habría dejado de vivir.

En la más breve ilusión del presente refunden los hombres una pequeña parte del pasado y del porvenir más próximos, la que su conciencia no logra aún distinguir como recuerdo y la ya actualizada por la inmediata previsión. Un segundo o un día parecen presente al individuo; un año o una generación, a la sociedad. No es creíble, por ello, que exista un presente real, pues en lo que dura el creerlo ya ha sobrevenido el porvenir.

En la vida social suele hablarse de un presente relativo, pero aun así cada generación vive un minuto fugaz de un tiempo sin límite conocido. Nada comienza ni termina con ella; su obra es tender un puente y pasar, para que en el punto de llegada sobrevenga otra a renovar su esfuerzo.

Toda acción actual sería energía perdida para la sociedad si no tendiera a finalidades venideras; y, en rigor, todo lo que se quiere para el presente solo puede realizarse en el porvenir. Se comprende, en suma, que el llamado espíritu conservador, cuando intenta conservar el pasado que ya no existe, solo actúa para retardar el porvenir que deviene contra su deseo.

Se vive en un futuro continuo y toda ligadura del pasado es una atenuación de posibilidades; cuanto más han insumido los ancianos en su memoria y los pueblos en su tradición, tanto menos se revela su vitalidad creadora y fecunda para plasmar el porvenir. Solo puede afirmar que ha vivido una generación que deja a la que vendrá más de lo que recibió, de la precedente; no merecen cosechar la mies de hoy los que no siembran la simiente de mañana.

90. Los forjadores del porvenir son inactuales. Viven en el tiempo más que en el espacio, porque al primero correspon-

de lo que deviene y al segundo lo que es; no se ensanchan en el hoy, se alargan hacia el mañana.

En vez de aplicarse a usufructuar lo que ya es, obran en la dirección de lo que va siendo; son audaces arquitectos de culturas en que otros se moverán como forzados locatarios. En el presente relato viven en función de lo futuro, pensándolo, predicándolo, amasándolo sin reposar jamás; en las ciencias, en las artes, en la acción, marchan a la avanzada de sus contemporáneos; prolongándose imaginariamente hasta la etapa inmediata del humano mudar sin término.

Si un pueblo es vital y tiene un destino histórico que cumplir, un ciclo que recorrer, sus grandes hombres lo prevén y lo interpretan, anticipándose con el pensamiento a la realidad que otros alcanzarán a vivir. La palabra del precursor empuja a muchos, como si fuera ala puesta en el talón de cuantos pueden marchar. En vano los que nada piensan ni hacen para el porvenir le mostrarán las manos listas para lapidarle, que ésa es la prueba crucial del genio; si lo es de verdad, forjarán sin desmayo, centuplicando el esfuerzo cada vez que se duplique la resistencia.

Un pueblo que acorta el paso ha cesado virtualmente de vivir; se encierra en lo que es y contempla lo que ha sido, renunciando a las posibilidades de ser más o mejor. Los hombres representativos de sus ciencias y de sus artes se desorientan, pierden el rumbo, tantean fuera del sendero, siguen creyéndose videntes cuando ya son estrábicos; en vano intentan probar caminos, pues cambiar el derrotero no es seguir adelante, ni basta cambiarlo para adelantar.

Los pueblos que siguen una vida ascendente confían más en los proyectistas audaces que en los guardianes de museos; cuando esa confianza reina en la conciencia social los visionarios del porvenir culminan, como acero atraído hacia la cumbre por el imán de lo que vendrá.

91. Los pueblos sin juventud no tienen porvenir. Todo lo que es viviente, nace, crece y muere: los hombres, las generaciones, los pueblos, las razas, las especies. El supersticioso teorema de la inmortalidad humana ha inspirado el corolario de la ilusoria estabilidad social, como si en toda la realidad pasada no advirtiéramos el sucederse de juventud y vejez, grandeza y decadencia, formación y muerte.

Los pueblos viejos, como los hombres, se envanecen de su pasado y desdeñan a los que, por jóvenes, nada parecen ser en el presente, aunque todo pueden devenir en el futuro. La exigüidad del pasado es, precisamente, el tesoro de los pueblos jóvenes, capaces de ser núcleos de nuevas culturas; su destino está en defenderse de todo senil tradicionalismo que intente envenenar las fuentes vivas que acrecerán el cauce de su venidera grandeza.

La juventud de los pueblos nuevos debe vivir en tensión hacia el porvenir, con más esperanzas que recuerdos, con más ensueños que leyendas. Mire con ojo amigo a las viejas estirpes que le ofrecieron de sus ubres las savias iniciales; pero no olvide que si es provechoso heredar algunas fuerzas vitales aún capaces de obrar, nada hay más funesto que apuntalar derrumbamientos de culturas decrépitas y repensar supersticiones de agonizantes abuelos.

Un cambio en el equilibrio de las relaciones humanas se está operando en el mundo, con más presteza que la habitual. Todas las ventajas están a favor de los pueblos nuevos, de las razas en formación, de las culturas incipientes. Donde los intereses creados son todavía adventicios, será más fácil librarse de ellos, con un fuerte sacudir de hombros.

Capítulo 12. Terruño, nación, humanidad

I. Del terruño

92. El terruño es la patria del corazón. De todos los sentimientos humanos, ninguno es más natural que el amor por la aldea, el valle o la barriada en que vivimos los primeros años. El terruño habla a nuestros recuerdos más íntimos, estremece nuestras emociones más hondas; un perfume, una perspectiva, un eco, despiertan un mundo en nuestra imaginación. Todo lo suyo lo sentimos nuestro, en alguna medida; y nos parece, también, que de algún modo le pertenecemos, como la hoja a la rama.

El amor al terruño existe ya en el clan y en la tribu, soberano en el horizonte exiguo de las sociedades primitivas. Ligado al medio físico desde que el grupo se adapta a la vida sedentaria, se acendra al calor del hogar. La consanguinidad lo alimenta y la amistad lo ahonda; la simpatía lo extiende a todos los que viven en vecindad habitual. En el terruño se oyen las primeras nenias maternales y se escuchan los consejos del padre; se forman las intimidades de colegio y se sienten las inquietudes del primer amor; se tejen las juveniles ilusiones y se tropieza con inesperadas realidades; se adquieren las más hondas creencias y se contraen las costumbres más firmes. Nada en él nos es desconocido, ni nos produce desconfianza. Llamamos por su nombre a todos los vecinos, conocemos en detalle todas las casas, nos alegran todos los bautismos, nos afligen todos los lutos. Por ello sentimos en el fondo de nuestro ser una solidaridad íntima con lo que pertenece a la aldea, el valle o la barriada en que transcurrió nuestra infancia.

Ningún concepto político determina este sentimiento natural. Es innecesario estimularlo con sugestiones educativas, porque es anterior a la escuela misma; se ama al terruño ingenuamente, por instinto, con espontaneidad. Es amor vivido y viviente, compenetración del hombre con su medio. No tiene símbolos racionales, ni los necesita; su fuerza moral es más honda, tiene sus raíces en el corazón.

93. El patriotismo ingenuo se limita al horizonte geográfico. Nadie ama espontáneamente regiones y hombres cuya existencia ignora. La vista y el oído marcan el confín de la experiencia primitiva; todo lo que está más allá es ajeno, fabuloso, mítico. Sacar a un hombre de su barriada, de su aldea, de su valle, de su montaña, es desterrarlo de la única patria sentida por su corazón. Todo el resto del mundo es igual para el hombre que no ha viajado; fuera del terruño puede exclamar con sinceridad que donde está el bien está la patria.

No se le ama porque se ha nacido en él, sino porque allí se ha formado la personalidad juvenil, que deja hondos rastros en todo el curso de la vida. Ese tierno afecto no está ligado al involuntario accidente del nacimiento, desde que a nadie se le pregunta antes dónde desearía nacer; germina en la experiencia, que estimula sensaciones e ideas, cariños y creencias. El tesoro de nuestros recuerdos iniciales está formado por impresiones del terruño; cada vez que el ánimo afectado busca refugio en la propia vida interior, revivimos las escenas del hogar, de la escuela, de la calle, como si las remembranzas de la edad primera pudiesen aliviarnos en el andar accidentado de los años viriles.

La fuerza del sentimiento lugareño se comprende mejor a la distancia. Viajando lejos, muy lejos, en ciertas horas de meditación llega a convertirse en esa angustia indefinible que llamamos nostalgia. Todo el que la ha sentido, sabe que no es del estado político, sino del terruño; nadie añora lugares ni personas que nunca ha conocido, ni podría curarse el ánimo nostálgico yendo a vivir en rincones ignotos del propio país.

A medida que se avanza en edad los recuerdos del terruño se idealizan, olvidándose todo lo malo, acentuándose todo lo excelente. Y es común que los hombres, al morir, pidan que vuelvan sus huesos al lugar donde transcurrió su infancia, como si quisieran devolverle toda la savia con que alimentó su personalidad en la hora del amanecer.

94. El amor al terruño es un imperativo natural. Persiste cuando la experiencia dilata el horizonte geográfico, pero pierde en profundidad tanto como gana en superficie. En cierto grado del desarrollo social es imposible que cada terruño viva separado de los vecinos; poco a poco, los que tienen intereses comunes, creencias semejantes, idiomas afines, costumbres análogas, van formando sociedades regionales cada vez más solidarias. La educación sentimental permite abarcar en la amistad y en la simpatía otros terruños, aunque siempre reservando para el propio los mejores latidos del corazón. Cuando el niño aprende a conocer a los hombres y las cosas de su ciudad o de su región, relacionándolos con los de su barriada o de su aldea, el amor del terruño se ensancha. El sentimiento municipal o provincial es todavía un patriotismo en función del medio, elaborado sin sugestiones políticas. Su genealogía es sincera. Brota sin cultivo, como la flor silvestre.

En fases de avanzada cultura, las ciudades o regiones tienden a asociarse en estados políticos, formando naciones;

solo en la medida de su afinidad los pueblos pueden sentirse solidarios, dentro de la unidad nacional. Pero, individualmente, como representación de intereses e ideales colectivos, este patriotismo solo es sentido conscientemente por muy pocos hombres superiores, capaces de reflexión histórica y de abstracción política.

En todo caso la querencia sigue atrayendo al hombre, como a los animales. Pujante y profundo como un instinto, imperativo, intransmutable, sobrevive en todos los hombres el amor al terruño, única y siempreviva patria del corazón.

II. De la nación

95. La nación es la patria de la vida civil. Su horizonte es más amplio que el geográfico del terruño, sin coincidir forzosamente con el político, propio del Estado. Supone comunidad de origen, parentesco racial, ensamblamiento histórico, semejanza de costumbres y de creencias, unidad de idioma, sujeción a un mismo gobierno. Nada de ello basta, sin embargo. Es indispensable que los pueblos regidos por las mismas instituciones se sientan unidos por fuerzas morales que nacen de la comunidad en la vida civil.

El patriotismo nacional surge naturalmente de la afinidad entre los miembros de la nación. No lo impone la obediencia a la misma ley, ni el imperio de la misma autoridad, pues hay Estados que no son nacionalidades y naciones que no son Estados. El sentimiento civil, el civismo, tiene un fondo moral, en que se funden anhelos de espíritus y ritmos de corazones. Renán lo definió como temple uniforme para el esfuerzo y homogénea disposición para el sacrificio. Es conjunción de ensueños comunes para emprender grandes cosas y firme decisión de realizarlas. Es convergencia en la aspiración de la justicia, en el deber del trabajo, en la intensidad de la esperanza, en el pudor de la humillación, en el deseo de la gloria. Por eso es más recio en las mentes conspicuas, capaces de amar intensamente a todo su pueblo, de honrarlo con sus obras, de orientarlo con sus ideales.

El sentimiento de solidaridad nacional debe tener un hondo significado de justicia. El bienestar de los pueblos es incompatible con rutinarios intereses creados, y de tiempo en tiempo necesita inspirarse en credos nuevos: despertar la energía, extinguir el parasitismo, estimular la iniciativa, suprimir la ociosidad, desenvolver la cooperación. Virtudes cívicas modernas deben sobreponerse a las antiguas, convirtiendo al sentimiento nacionalista en fecundo amor al pueblo, conforme a los ideales del siglo. Es justo desear para la parte de humanidad a que pertenecemos un puesto de avanzada en las luchas por el progreso y la civilización. En una hora grata de juventud, anticipamos estas palabras explícitas: Aspiremos a crear una ciencia nacional, un arte nacional, una política nacional, un sentimiento nacional, adaptando los caracteres de las múltiples razas originarias al marco de nuestro medio físico y sociológico. Así como todo hombre aspira a ser alguien en su familia, toda familia en su clase, toda clase en su pueblo, aspiremos también a que nuestro pueblo sea alguien en la humanidad. Y en la ovación que subrayó esas palabras creímos sentir un homenaje a los revolucionarios de América, que, cien años antes, habían vibrado por análogos sentimientos, emancipando al pueblo de una opresión que lo envilecía.

96. El patriotismo nacional se extiende al horizonte político. Mientras pueblos de origen distinto se desenvuelvan en medios diferentes, existirán agrupaciones nacionales con carac-

terísticas diversas, en lo ético y en lo mental. Esa heterogeneidad es conveniente para la armonía humana; el conjunto es beneficiado por la acentuación de los rasgos propios de cada una, en el sentido más adecuado a su medio. La tipificación nacional ensancha y perfecciona el primitivo amor al terruño, extendiéndolo al horizonte civil de la nación.

Cuando pueblos heterogéneos se encuentran reunidos en un mismo Estado, los vínculos morales pueden faltar y la unidad es ficticia mientras hay subyugamiento. No existen ideales comunes a los opresores y a los oprimidos, a los parásitos y a los explotados. La autoridad no basta para imponer sentimientos a millones de hombres que cambian de nacionalidad cuando lo resuelve un consejo de diplomáticos o lo impone con su garra un conquistador. El sentimiento nacional, que florece en las uniones de pueblos afines, no concuerda forzosamente con el patriotismo político, encaminado a consagrar los resultados de la camándula o de la violencia.

Cuando la justicia no preside a la armonía entre las regiones y las clases de un Estado, el patriotismo de los privilegiados ofende el sentimiento nacional de las víctimas. El culto mítico de la patria, como abstracción ajena a la realidad social, fue siempre característico de tiranuelos que inmolaron a los ciudadanos y deshonraron a las naciones. Aunque invoquen la patria para cubrir su bastardía moral, son enemigos de la nacionalidad los que no presienten el devenir de su pueblo, los que lo oprimen, los que lo engañan, los que lo explotan. Enemigos, también, los que sirven y adulan a los poderosos y a los déspotas: histriones o lacayos, cómplices o mendigos. La mentira patriótica de los mercaderes es la antítesis del tierno sentimiento que constituye el patriotismo del corazón y de la armonía espiritual que pone dignos cimientos al nacionalismo civil. El patriotismo convencional de los políticos es al nacionalismo ingenuo de los pueblos como los fuegos artificiales a la luz del Sol.

Solo es patriota el que ama a sus conciudadanos, los educa, los alienta, los dignifica, los honra; el que lucha por el bienestar de su pueblo, sacrificándose por emanciparlo de todos los yugos; el que cree que la patria no es la celda del esclavo, sino el solar del hombre libre. Nadie tiene derecho de invocar la patria mientras no pruebe que ha contribuido con obras a honrarla y engrandecerla. Convertirla en instrumento de facción, de clase o de partido, es empequeñecerle. No es patriotismo el que de tiempo en tiempo chisporrotea en adjetivos, sino el que trabaja de manera constante para la dicha o la gloria común.

97. El trabajo y la cultura son los sillares de la nacionalidad. Es vana quimera toda esperanza que no pueda alentar una acción; estéril toda energía no animada por un ideal. El trabajo es la matriz de la grandeza colectiva, pero carece de estímulo si el ensueño no hermosea la vida; la cultura es la legítima coronación de la vida civil, pero agoniza cuando se extingue la fortaleza de obrar. Un pueblo no puede vivir sin soñar, ni puede soñar sin vivir.

Pensar y trabajar es uno y lo mismo. Las razas seniles no trabajan ni piensan; tampoco las ciudades muertas, que son osamentas frías de culturas extinguidas. Repudiemos los sofismas de los mercaderes: no es verdad que donde conviene la energía sobra el ideal. Por el camino de la pereza y de la ignorancia ningún pueblo culminó en la historia. Desdeñemos la hidalga holgazanería de aquellos abuelos que aún confunden su miserable condición con la sapiencia ascética, sugiriendo que los pueblos laboriosos viven en sordidez prosaica. La historia dice que el trabajo y la cultura se hermanan para agigantarlos, que la pobreza y la ignorancia suelen ser simultáneas en su decadencia.

Cuidemos la sementera, bendigamos los campos fecundos; pero donde el arado rompe un surco, abramos una escuela. Arar cerebros vale tanto como preparar una mies ubérrima; la mies puede perderse y decaer la opulencia, la cultura no se agosta ni concluye. El trigo y el laurel son igualmente necesarios. Heracles y Atenea no son enemigos. Conspiran contra su pueblo los que alaban una riqueza ignorante o una mendicidad ilustrada.

El trabajo es fuente de mérito y base de toda humana dignidad. El porvenir será de los que trabajan. Todo holgazán es un esclavo, parásito de algún huésped. Solo el trabajo da la libertad. Cada trabajador es una fuerza social; el que no trabaja es un enemigo de la sociedad. Ennobleciendo el trabajo, emancipándolo de todo yugo, transformándolo de suplicio en deleite, de vergüenza en honor, será posible que los ciudadanos gocen de servir a su pueblo.

Los valores morales tendrán el primer rango en la ética venidera. El ignorante es siempre débil, incapaz de confiar en sí mismo y de comprender a los demás; en la cultura está el secreto de toda elevación. Ella engendra la única excelencia legítima, apuntala nuestras creencias, aguza el ingenio, embellece la vida y enseña a amarla. Permite a los precursores decir con fe sus esperanzas y sus ideales, como si fueran la verdad y el sueño de todos; y de esa fe proviene su eficacia.

Trabajo y cultura son dos aspectos de un mismo advenimiento en la historia de la nacionalidad. Toda renovación de instituciones se inicia por una revolución en los espíritus y todo ideal pensado está ya en los comienzos de su realización.

III. De la humanidad

98. La humanidad es la patria del ideal. Cuando se escucha la sola voz del corazón, patria es el terruño; cuando prevalece el interés político, patria es el Estado; cuando habla el ideal, patria es la humanidad. Y en el desarrollo histórico de este sentimiento podemos decir que el terruño expresa el patriotismo del pasado, la nación el patriotismo del presente, la humanidad el patriotismo del porvenir.

Mientras se extiende la solidaridad del terruño a la provincia, al Estado, a la humanidad, las fuerzas inmorales del pasado siguen sembrando odio entre los pueblos, para apuntalar con el patriotismo político el régimen social de cuya injusticia se benefician. Toda innoble agresividad que hiere el sentimiento nacional de otros pueblos, no es amor a la patria, sino a la industria malsana, eternamente fomentada por mercaderes de la palabra y de la pluma, al servicio de déspotas reales o potenciales. No tiemblan ante la responsabilidad de las guerras que encienden, preparados a comentarlas desde sus casas, mientras los pueblos se diezmen en las trincheras. Todos mienten lo mismo; pretenden que la propia nación es la mejor del mundo, engañando a los ingenuos con sofismas de que ellos se burlan. Corrompen la opinión pública y fomentan el culto supersticioso de mitos vanos, amparándose luego de ellos para encubrir sus venales conveniencias.

Maldiga la juventud a los envejecidos tartufos que conspiran contra la paz de sus pueblos, encendiendo regueros de intrigas internacionales en la diplomacia secreta. Maldiga cien veces a los que fabrican cañones, robando el metal que necesitan los arados. Mil veces maldiga a los que hacen correr en el mundo una sola gota de sangre, que no es la de sus propias venas.

La manera más baja de amar a la propia patria es odiar las patrias de otros hombres, como si todas no merecieran engendrar en sus hijos iguales sentimientos. El nacionalismo debe ser emulación colectiva para que el propio pueblo ascienda a las virtudes de que dan ejemplo otros mejores; nunca envidia colectiva que haga sufrir de la ajena superioridad y mueva a desear el abajamiento de los demás, hasta el propio nivel. Cada pueblo es un elemento de la humanidad; el anhelo de la dignificación nacional puede ser un aspecto de la fe en la dignificación humana. Ascienda cada nación a su más alto nivel, y por el esfuerzo de todas se remontará el nivel de la humanidad.

99. El patriotismo humano abarca el horizonte cultural. La solidaridad entre los pueblos se extiende a medida que ellos amplían su experiencia y elevan sus ideales. La capacidad de simpatía va creciendo con la civilización; todos los hombres que en el mundo comparten las mismas creencias y se animan por los mismos intereses, se sienten amigos o hermanos. Las comuniones y los partidos, que antes pasaron del terruño a la nación, comienzan a pasar de la nación a la humanidad.

Dos gremios poderosos iniciaron el acercamiento de los pueblos, extendiéndose por sobre las fronteras de las naciones: los comerciantes y los sacerdotes. El capital no tiene patria, ni tiene patria la religión; salen del terruño y del Estado, para internacionalizarse y conquistar el mundo. Siguiendo sus huellas se expandieron las ideas y la civilidad. La circulación del pensamiento y de los hombres ha extendido la solidaridad humana. El camino, el vapor, el riel, el teléfono, el cable, la turbina, el inalámbrico, la aviación, han dilatado el horizonte de los pueblos modernos. Poco a poco, en firme enaltecimiento, las ciencias y las artes, las doctrinas y las costumbres, han comenzado a extenderse del horizonte civil al horizonte cultural.

Todas las fuerzas vitales de los pueblos empiezan a solidarizarse en la humanidad. La producción y el consumo están regulados en escala internacional; los medios de circulación se han centuplicado, en la tierra, en el mar, en el aire. Los pueblos ajenos a esa vida común no se consideran civilizados; y no lo son. Cada invento técnico, descubrimiento científico, creación artística, llega a todos los pueblos. En todos se definen análogas normas y análogos principios jurídicos.

Así como en la nación se ha expandido la primitiva solidaridad del terruño, empieza ya a expandirse en la humanidad la solidaridad de la nación. Esta forma superior del solidarismo anida, por ahora, en grandes espíritus que desbordan de la patria política, como ésta desbordó otrora de la primitiva patria lugareña. Solo se sienten solidarios con la humanidad los que conciben y aman ideales humanos, anticipándose a sentimientos que llegarán a privar en el porvenir.

Apóstoles fueron, otrora, los hombres que en su tiempo supieron elaborar un sentimiento nacional, creando los Estados actuales. Apóstoles son, hoy, los que empiezan a elaborar un sentimiento humano, extendido a horizontes culturales cada vez más dilatados.

100. La armonía de los pueblos es la entelequia de la humanidad. Armonía no es semejanza ni fusión universal, sino solidaridad organizada de culturas heterogéneas. La desigualdad de los pueblos es conveniente para la humanidad, como

la individual es útil para la nación. La justicia no consiste en borrar las desigualdades, sino en utilizarlas para armonizar el conjunto. A todos conviene que cada uno intensifique sus propios rasgos, de acuerdo con las características del medio en que se desenvuelve; si ellas se perdieran sería perjudicial. La solidaridad debe concebirse como un equilibrio de partes cada vez más diferenciadas, capaces de cumplir mejor sus funciones en beneficio propio y de los demás. Cuando un pueblo pierde la noción de la interdependencia, tiende a romper el equilibrio en su provecho, desencadenando la guerra en perjuicio de todos.

El progreso de la solidaridad se caracterizará en el porvenir por el desarrollo de organismos jurídicos, económicos y morales que regulen las relaciones de los pueblos. Un equilibrio instable y perfectible permitirá la coordinación de las partes, armonizando el bienestar de la familia, del terruño, de las regiones, de los Estados.

Algunos soñadores, olvidando que la humanidad no es un mito homogéneo sino una realidad heterogénea, alientan el anhelo ilusorio de una sola nacionalidad universal. Más justo es presumir que por sobre los actuales Estados políticos, carentes a veces de unidad moral, tiendan a constituirse grandes nacionalidades capaces de producir nuevos tipos de civilización, confederando pueblos similares. La solidaridad será natural, fundada en semejanzas de origen, de intereses, de idioma, de sentimientos, de costumbres, de aspiraciones.

El ideal presente de perfeccionamiento político es una coordinación federativa de grupos sociológicos afines, que respete sus características propias y las armonice en una poderosa nacionalidad común. Ninguna convergencia histórica parece más natural que una federación de los pueblos de la América Latina. Disgregados hace un siglo por la incomunicación y el feudalismo, pueden ya plantear de nuevo el problema de su futura unidad nacional, extendida desde el río Bravo hasta el estrecho de Magallanes. Esa posibilidad histórica merece convertirse en ideal común, pues son comunes a todos sus pueblos las esperanzas de progreso y los peligros de vasallaje. Hora es de repetir que, si no llegara a cumplirse tal destino, sería inevitable su colonización por el imperialismo que desde ha cien años los acecha: la oblicua doctrina de Monroe, firme voluntad de los Estados Unidos, expresa hoy su decisión de tutelar y explotar a nuestra América Latina, cautivándola sin violencia, por la diplomacia del dólar. Son sus cómplices la tiranía política, el parasitismo económico y la superstición religiosa, que necesitan mantener divididos a nuestros pueblos, explotando sus odios recíprocos en favor de los intereses creados en cien años de feudalismo tradicional.

Frente a esas fuerzas inmorales del pasado, la esperanza de acercarnos a una firme solidaridad solo puede ser puesta en la Nueva Generación, si logra ser tan nueva por su espíritu como por sus años. Sea ella capaz de resistir a las pequeñas tentaciones del presente, mientras adquiera las fuerzas morales que la capaciten para emprender nuestra gran obra del porvenir: desenvolver la justicia social en la nacionalidad continental.

Libros a la carta

A la carta es un servicio especializado para
empresas,
librerías,
bibliotecas,
editoriales
y centros de enseñanza;
y permite confeccionar libros que, por su formato y concepción, sirven a los propósitos más específicos de estas instituciones.

Las empresas nos encargan ediciones personalizadas para marketing editorial o para regalos institucionales. Y los interesados solicitan, a título personal, ediciones antiguas, o no disponibles en el mercado; y las acompañan con notas y comentarios críticos.

Las ediciones tienen como apoyo un libro de estilo con todo tipo de referencias sobre los criterios de tratamiento tipográfico aplicados a nuestros libros que puede ser consultado en Linkgua-ediciones.com.

Linkgua edita por encargo diferentes versiones de una misma obra con distintos tratamientos ortotipográficos (actualizaciones de carácter divulgativo de un clásico, o versiones estrictamente fieles a la edición original de referencia).

Este servicio de ediciones a la carta le permitirá, si usted se dedica a la enseñanza, tener una forma de hacer pública su interpretación de un texto y, sobre una versión digitalizada «base», usted podrá introducir interpretaciones del texto fuente. Es un tópico que los profesores denuncien en clase los desmanes de una edición, o vayan comentando errores de interpretación de un texto y esta es una solución útil a esa necesidad del mundo académico.

Asimismo publicamos de manera sistemática, en un mismo catálogo, tesis doctorales y actas de congresos académicos, que son distribuidas a través de nuestra Web.

El servicio de «libros a la carta» funciona de dos formas.

1. Tenemos un fondo de libros digitalizados que usted puede personalizar en tiradas de al menos cinco ejemplares. Estas personalizaciones pueden ser de todo tipo: añadir notas de clase para uso de un grupo de estudiantes, introducir logos corporativos para uso con fines de marketing empresarial, etc. etc.

2. Buscamos libros descatalogados de otras editoriales y los reeditamos en tiradas cortas a petición de un cliente.

www.ingramcontent.com/pod-product-compliance
Lightning Source LLC
Chambersburg PA
CBHW030613310726
48979CB00003B/697

* 9 7 8 8 4 9 8 9 7 4 9 2 8 *